LA
VÉNITIENNE,

DRAME EN CINQ ACTES,

PAR

M. ANICET-BOURGEOIS,

DÉDIÉ

A ALEXANDRE DUMAS.

PARIS,

J. N. BARBA, LIBRAIRE,

PALAIS-ROYAL, GRANDE COUR, DERRIÈRE LE THÉATRE-FRANÇAIS.

1834.

IMPRIMERIE DE PROSPER DONDEY-DUPRÉ,

SUCCESSEUR DE SON PÈRE,

Rue Saint-Louis, N° 46, au Marais.

LA
VÉNITIENNE,

DRAME EN CINQ ACTES,

PAR

M. ANICET-BOURGEOIS,

DÉDIÉ

A ALEXANDRE DUMAS.

PARIS,

J. N. BARBA, LIBRAIRE,

PALAIS-ROYAL, GRANDE COUR, DERRIÈRE LE THÉATRE-FRANÇAIS.

1834.

A

ALEXANDRE DUMAS.

A

ALEXANDRE DUMAS.

MON CHER AMI,

Je vous devais bien faire hommage de la Vénitienne, pauvre fille qui, sans vous, n'aurait jamais vu le jour; peut-être à sa naissance vous l'avez entourée de soins presque paternels; et maintenant qu'elle est grande dame, elle ne veut pas se laisser oublier par vous... bien plus, l'orgueilleuse se croit, par instans, de votre famille!!

Si pour Térésa, pour Angèle, vous avez eu parfois recours aux conseils de mon amitié, ne m'avez-vous pas généreusement payé ces conseils en parant ma Vénitienne de quelques-unes des vives et brillantes couleurs qui abondent sur votre palette et que j'eusse en vain cherchées sur la mienne? Votre plume, comme un pinceau de maître, s'est posée sur l'ébauche de l'élève ; mais modeste ou prudente, elle ne l'a signée.

Ne m'en veuillez pas, mon cher Alexandre, si ma reconnaissance a trahi ce secret de votre amitié, et laissez-moi rendre public aussi l'éloge que vous avez fait des acteurs qui ont si puissamment aidé au succès de mon drame. En les louant, moi, je pourrais n'être pas certain de mon impartialité.

Vous avez dit de Mlle Georges qu'elle avait été ravissante d'esprit et de beauté dans la première partie de son rôle, énergique et touchante dans la seconde partie.

De Bocage, vous avez dit qu'il avait été admirable de physionomie et de diction.

De Lockroy et de Mlle Ida, qu'ils avaient sauvé leurs rôles. A Lockroy je dois, en particulier, des remerciemens ; il m'a soutenu de son talent toujours pur, toujours correct, après m'avoir éclairé de ses conseils, toujours sages, toujours sincères.

Je crois avoir payé toutes mes dettes. Une bonne accolade, mon cher Alexandre, puis au revoir.

Tout à vous,

ANICET-BOURGEOIS.

24 Mars 1834.

LA
VENITIENNE.

PERSONNAGES.

THÉODORA....................	Mlle	GEORGES.
LE BRAVO....................	MM.	BOCAGE.
SALFIÉRI....................		LOCKROY.
LE COMTE DE BELLAMONTE......		PROVOST.
LUIDGI, gondolier.............		SERRES.
MAFFÉO.....................		AUGUSTE.
LE MARQUIS DE RUFFO..........		MONVAL.
UN SÉNATEUR.................		HERET.
UN SBIRE....................		TOURNAN.
UN GONDOLIER................		VISSOT.
VIOLETTA...................	Mmes	IDA.
DEUX DAMES MASQUÉES..........		OUDRY-ADÈLE.

La scène se passe à Venise, en 1513.

I.

Le Proscrit.

PERSONNAGES.

LE BRAVO.
SALFIÉRI.
LE COMTE DE BELLAMONTE.

PREMIER TABLEAU.

Intérieur de la maison du Bravo, dans un quartier retiré de
Venise. — Fenêtre ouverte donnant sur le golfe, éclairé par
la lune.

SCÈNE PREMIÈRE.

LE BRAVO, masqué, à demi couché sur un divan, LE
COMTE DE BELLAMONTE, debout devant lui.

LE BRAVO.

Ainsi, monseigneur, la visite que vous me
faites ce soir est pour me parler des affaires de
Votre Excellence, et non pas de celles de la République?

LE COMTE.

Oui, c'est un service que j'ai à te demander ;
et je n'ai pas douté un instant que...

LE BRAVO.

Je ne fusse à vos ordres, n'est-ce pas ? comme
je suis à ceux du Conseil des Dix.

LE COMTE.

Dont je fais partie, ne l'oublie pas.

LE BRAVO.

Que puis-je pour Votre Excellence ?

LE COMTE.

Beaucoup.

LE BRAVO.

J'attends.

LE COMTE.

Je suis amoureux...

LE BRAVO.

De la courtisanne Théodora... Je le sais.

LE COMTE.

Et comment cela ?

LE BRAVO.

Il y a huit jours que, du pied de la colonne du Lion, où je me tiens habituellement, je vous vois passer comme membre du cortége qui accompagne d'ordinaire la Vénitienne à l'église.

LE COMTE.

Oui, c'est vrai. J'ai dû, comme tout ce qu'il y a de noble et d'élégant à Venise, me mettre aux genoux de cette femme aussi bizarre que belle, Aspasie moderne, qui veut voir à ses pieds toutes les célébrités de son siècle, pour se parer ensuite de ses amans comme les autres femmes se parent de leurs bijoux... Théodora m'a comblé de ses bonnes grâces... mais ce bonheur facile me fatigue... et j'ai découvert derrière le pont de la Paglia, en face de la maison du gondolier Luidgi, un diamant.

LE BRAVO.

Il y a peu de diamans à Venise qui ne soient à vendre : Votre Excellence est riche, et peut acheter celui qu'elle désire.

LE COMTE.

On a refusé toutes mes offres.

LE BRAVO.

Doublez-les.

LE COMTE.

Inutile... J'ai affaire à un vieillard qui la garde, qui est son père, ou quelque chose comme cela... Il fait de l'honneur, de la délicatesse, de la vertu rigide.

LE BRAVO, avec ironie.

Le misérable !

LE COMTE.

Et il a été jusqu'à me dire que, si je reparaissais dans la rue, quoiqu'il fût vieux et du peuple, et moi jeune et de la noblesse... il trouverait bien moyen de m'en écarter.

LE BRAVO, avec ironie.

L'insolent !...

LE COMTE.

Je ne puis me commettre avec cet homme : tu comprends ?

LE BRAVO.

Certes... ces sortes de gens devraient être trop heureux lorsqu'un seigneur de race et de naissance, comme vous l'êtes, daigne convoiter sa femme ou sa fille : cela les déshonore... mais cela les ennoblit.

LE COMTE.

Eh bien! voilà ce qu'il ne veut pas comprendre.

LE BRAVO.

Bestia !...

LE COMTE.

J'ai donc pensé à toi pour me débarrasser de cet homme. Arrivé depuis quelques jours seulement à Venise, il n'y connaît personne, et le bruit public annonce qu'il élève par charité cette créature délicieuse qui, hors ce vieillard, n'a sous le ciel ni parens ni amis. Une fois la jeune fille orpheline, la République, qui est une bonne mère, adopte l'enfant abandonnée... Un homme puissant, un membre du Conseil des Dix, moi, par exemple... je me charge, par amour pour l'humanité, de la placer dans un couvent... j'y paie sa dot... je fais cadeau d'un Raphaël ou d'un Titien à la chapelle du monastère, et la jeune fille est à moi.

LE BRAVO.

C'est merveilleux de combinaison, monseigneur, et je ne vois rien qui empêche ce plan de réussir : car vous avez sans doute pour moi un ordre du Conseil?

LE COMTE.

Comment!

LE BRAVO.

Qui m'enjoint de débarrasser Venise d'un vieillard suspect de vertu, prévenu de délicatesse, et convaincu de garder trop religieusement l'honneur d'une jeune fille.

LE COMTE.

Mais tu ne m'as donc pas compris?

LE BRAVO.

Au contraire, monseigneur, je vous ai compris, et parfaitement. Mais vous m'avez dit le premier ce que vous vouliez ; c'est à mon tour maintenant à vous dire ce que je veux : un ordre du Conseil.

LE COMTE, tirant une bourse pleine d'or.

Tiens, le voilà.

LE BRAVO, la repoussant.

La République est magnifique, monseigneur ; elle récompense richement qui la sert ; elle redore l'arme chaque fois que le sang la rouille… C'est une maîtresse jalouse à qui je ne veux pas faire d'infidélité : je veux un ordre d'elle.

LE COMTE.

Mais un pareil scrupule de ta part m'étonne, me confond…

LE BRAVO.

J'ai un marché de sang avec la République… c'est vrai, comte de Bellamonte… Votre père était du Conseil des Dix, lorsque ce marché me fut imposé… Il savait, lui, quel motif m'a mis ce poignard à la main et ce masque au visage ;

votre père ne serait pas venu me faire la demande que vous me faites : je veux un ordre.

LE COMTE.

Mais si j'obtiens cet ordre, tu n'en auras pas
moins commis un assassinat.

LE BRAVO.

Dont je répondrai devant les hommes, mais
dont le Conseil des Dix répondra devant Dieu.

LE COMTE.

Eh bien ! puisqu'il te faut absolument un ordre, tu l'auras. Ce vieillard arrive de Gênes :
Gênes est en guerre avec la République, et cet
homme que personne ne connaît ici est sans
aucun doute un espion des Doria. J'aurai cet
ordre et je le ferai clouer à cette porte selon
l'habitude du tribunal. Songe maintenant que
ce ne sera plus à moi, mais au Conseil même,
que tu devras compte de ton obéissance.

LE BRAVO.

C'est bien.

LE COMTE.

Adieu... n'oublie pas... derrière le pont de la
Paglia, en face la maison du gondolier Luidgi.

LE BRAVO.

Adieu, comte.

Bellamonte sort.

SCÈNE DEUXIÈME.

LE BRAVO, seul.

La journée n'est point encore finie à ce qu'il paraît. La République est rude à servir... N'importe, profitons de l'heure qu'elle me laisse. Il ôte son masque, qu'il accroche à un clou.) Masque infernal... (Otant son poignard, qu'il pose sur une table.) Poignard maudit !... qui faites partie de moi maintenant... comme si la main de Dieu m'avait imprimé l'un au front et cloué l'autre à la ceinture... Oh ! laissez ma bouche respirer... laissez mon cœur battre..... maintenant, je suis un homme comme tous les autres hommes... Ah...

(Il s'étend, accablé, sur le lit.)

SCÈNE TROISIÈME.

SALFIÉRI, LE BRAVO.

Salfiéri paraît en dehors, et saute légèrement dans la chambre.

LE BRAVO.

Qui va là ?...

SALFIÉRI.

Salut à Votre Seigneurie !

LE BRAVO, sautant sur son poignard.

Qui es-tu ?...

SALFIÉRI.

Un homme contre lequel vous n'avez point besoin de tirer ce poignard... car vous pouvez le tuer d'un mot... un proscrit !...

LE BRAVO.

Et pourquoi entrer ainsi par cette fenêtre ?...

SALFIÉRI.

Parce que probablement vous ne m'auriez pas ouvert la porte...

LE BRAVO.

Que demandez-vous ?...

SALFIÉRI.

Un asile pour cette nuit.

LE BRAVO.

Et si je te le refuse... qu'arrivera-t-il ?

SALFIÉRI.

Rien que de très-simple... Depuis six ans j'ai quitté Venise, sous le poids d'un arrêt de mort ; un motif plus puissant que ma vie m'y ramène... Une barque m'a déposé sur la plage et regagne à l'heure qu'il est mon vaisseau... Je ne connais plus à Venise un seul ami, mais tous mes ennemis me connaissent encore. Ta protection, c'est ma vie... ton refus c'est ma mort... Si tu me refuses... nous sommes deux... Jeunes tous deux, je le crois... tu as un poignard... j'en ai un... les chances sont donc égales... Si tu me tues, je n'ai plus besoin d'asile pour cette nuit ; si je te tue, mon asile est tout trouvé. Je ne crains pas plus de dormir près d'un ennemi mort que près d'un ami vivant.

LE BRAVO.

Et si au contraire je te protége ?

SALFIÉRI.

Tu auras rendu un service immense à un homme qui s'en souviendra éternellement.

LE BRAVO, lui tendant la main.

Touche là.

SALFIÉRI.

Merci.

LE BRAVO.

Maintenant, je vais fermer cette fenêtre , car je ne suis plus seul... (Redescendant en scène.) Eh bien ?

SALFIÉRI.

Eh bien ! mon hôte...je suis à tes ordres... Veux-tu veiller , je veille... veux-tu dormir , jette-toi sur ce lit et je me jetterai sur ce manteau.... Es–tu disposé à faire pour moi plus que tu n'as fait encore ?.. je te dirai ce qui m'amène à Venise... dans quel but j'y suis venu... quelle femme j'y poursuis... quel homme j'y cherche..... puis, si tu me fais parler à cet homme ou si tu me fais rendre cette femme, tu seras plus pour moi qu'un protecteur, qu'un ami, tu seras un dieu.

LE BRAVO.

Parle, ce que je pourrai faire, je le ferai.

SALFIÉRI.

Je suis exilé pour affaire politique, il n'y a qu'une chose qui puisse faire oublier la patrie à l'exilé: c'est l'amour... Proscrit par la république de Venise, je trouvai un asile auprès de la république de Gênes... Je rencontrai par hasard une jeune fille, je l'aimai, elle m'aima, j'oubliai tout.

LE BRAVO.

Voilà bien une jeune tête et un jeune cœur ; voilà bien l'amour...

SALFIÉRI.

Oui, oui, pendant six mois... je n'eus qu'une pensée, elle... Toutes mes journées se passaient à attendre la nuit, car, gardée par un vieillard

qui ne la quittait pas , la nuit seulement je
pouvais la voir... Alors je franchissais le mur
du jardin... Confiante et pure comme une madone , elle venait m'ouvrir... et moi, timide et
amoureux comme un enfant... je me couchais
à ses pieds , cherchant ma vie dans ses yeux ,
oublieux du passé qui s'était écoulé sans elle ,
heureux du présent que je sentais à moi... con-
fiant dans l'avenir que je croyais à nous...

LE BRAVO.

C'est bien ainsi que passent les folles heures
de la jeunesse... je m'en souviens.

SALFIÉRI.

Une nuit je vins comme d'habitude...je trouvai ouverte la porte que venait d'ordinaire
m'ouvrir Violetta.

LE BRAVO, tressaillant.

Violetta !...

SALFIÉRI.

C'était son nom... te rappelle-t-il quelque
souvenir?

LE BRAVO.

Moi aussi j'ai aimé une femme qui s'appelait Violetta.

SALFIÉRI.

Toi !...

LE BRAVO.

Pour elle je quittai Venise... Venise que je ne croyais plus revoir et que pour mon malheur j'ai revue... Oh !.. mais il y a seize ans de cela... et cette femme est morte... c'est la première fois depuis seize ans que j'ai entendu prononcer ce nom... et cela m'a pris au cœur... continue...

SALFIÉRI.

Je montai l'escalier... j'entrai dans sa chambre... je l'appelai vainement... Je courus à la chambre du vieillard au risque de le rencontrer, elle était déserte comme celle de Violetta... des fragmens de lettres déchirés, brûlés à demi, étaient à terre... Je les rassemblai. Je trouvai un ordre... donné je ne sais par qui... à cet homme..... de conduire à l'instant même la jeune fille qui lui était confiée... Où?... le nom de la ville n'y était pas... elle était partie. Le vieillard l'avait emmenée... Je revins dans la chambre de Violetta, furieux, désespéré... demandant à grands cris un indice, une trace... tout-à-coup mes yeux se fixèrent sur un miroir, et de la main de Violetta, écrit avec un diamant, je lus ce mot, ce seul mot : *Venise*... alors j'oubliai tout... proscription, arrêt de mort... échafaud... Je partis, me voilà.

LE BRAVO.

Et maintenant que comptes-tu faire avec les faibles renseignemens que tu possèdes... dans une ville immense... où tu ne peux te montrer le jour... au milieu d'une police incessamment active... aux yeux toujours ouverts... dont quelque agent peut-être connaît déjà ton arrivée...

SALFIÉRI.

Oui, oui, je sais tout cela... aussi mon projet ressemble à ma position... désespéré comme elle... Écoute... je ne t'ai dit que la moitié de mon secret... car je t'ai dit que je venais à Venise pour poursuivre une femme et y chercher un homme : la femme que j'y poursuis... c'est Violetta...

LE BRAVO.

Et l'homme que tu cherches.

SALFIÉRI.

C'est le Bravo.

LE BRAVO.

Hein !...

SALFIÉRI.

Le connais-tu ?

LE BRAVO.

Eh qui ne connaît pas cet homme à Venise ?

SALFIÉRI.

Où demeure-t-il ?

LE BRAVO.

Il n'y a que le Conseil des Dix qui puisse répondre à cette question.

SALFIÉRI.

Où le rencontre-t-on ?...

LE BRAVO.

Sur la Piazetta... tout le jour... au pied de la colonne du lion. . triste, noir et immobile, espèce d'échafaud vivant... éternellement dressé sur la place publique de Venise.

SALFIÉRI.

Et que dit-on de cet homme ?...

LE BRAVO.

Mille choses diverses.

SALFIÉRI.

Mais quelle est la vérité sur son compte ?...

LE BRAVO.

Dieu seul et lui peuvent le dire... tous les autres se trompent.

SALFIÉRI.

Mais ton opinion à toi ?...

LE BRAVO.

Je n'en ai pas.

SALFIÉRI.

C'est bien, j'irai le trouver... J'ai toujours trois moyens de faire faire à un homme ce que je veux... moi.

LE BRAVO.

Lesquels ?...

SALFIÉRI.

La prière... appel à son humanité ; l'argent... appel à son avarice ; la menace... appel à sa faiblesse.

LE BRAVO.

La prière... le Bravo a entendu autant de prières que saint Ambrosio qui est le patron de la ville... et je n'ai point su qu'une seule l'ait fléchi... L'argent... le Bravo en a reçu assez de la République pour acheter un palais, s'il était ambitieux de dormir dans une chambre de marbre... Les menaces... le Bravo, à force d'en faire, a perdu l'habitude de les entendre...

SALFIÉRI.

Mais il ne reste donc rien d'humain dans le cœur de cet homme ?

LE BRAVO.

Rien.

SALFIÉRI.

Il n'a donc pas de mère.

LE BRAVO.

Il en avait une, et Dieu la lui a reprise dans une heure de colère...

SALFIÉRI.

Pas de maîtresse ?...

LE BRAVO.

Il en avait une... il l'a tuée dans une heure de jalousie...

SALFIÉRI.

Pas de père ?...

Le Bravo incline la tête sur sa poitrine, et sa figure prend une expression de douleur et de rêverie sombre.

SALFIÉRI, continuant.

Eh bien !... je l'adjurerai au nom de son père ; oui, cette nuit... cette nuit même, il faut que je voie cet homme.

LE BRAVO.

Et que lui demanderas-tu en le voyant ?...

SALFIÉRI.

Ceci, mon hôte... c'est mon secret...

LE BRAVO.

Rien ne peut donc te dissuader de chercher
cet homme?

SALFIÉRI.

Rien... car je n'ai d'espoir qu'en lui.

LE BRAVO.

Tu le verras alors.

SALFIÉRI.

Qui me le fera voir?

LE BRAVO.

Moi.

SALFIÉRI.

Et quand cela ?...

(On frappe trois coups à la porte.)

LE BRAVO.

Attends, je vais te le dire.

Il va à la porte et trouve l'ordre du Conseil qu'on vient de clouer. Il descend en scène l'ayant à la main ; il l'examine, puis prend son manteau et cache dessous son masque et son poignard.

LE BRAVO, à part.

Ils l'ont signé.

SALFIÉRI.

Eh bien !...

LE BRAVO.

Dans une heure...

SALFIÉRI.

Et où le trouverai-je ?...

LE BRAVO.

Derrière le pont de la Paglia... en face de la maison du gondolier Luidgi.

SALFIÉRI.

Dans une heure.

LE BRAVO.

Dans une heure.

SALFIÉRI.

C'est bien... j'y serai.

(Le Bravo sort, Salfiéri le suit des yeux.)

FIN DU PREMIER TABLEAU.

DEUXIÈME TABLEAU.

Au premier plan et de chaque côté, deux portes ogives, voûtées et avançant sur la rue. Au deuxième, deux ruelles, en face l'une de l'autre. Au troisième, le pont de la Paglia. Au quatrième, la vue du grand canal.

SCÈNE PREMIÈRE.

(Il fait nuit.)

LE BRAVO, LUIDGI.

Le Bravo est appuyé contre la porte de Luidgi : celui-ci vient par le fond avec sa gondole.

LUIDGI, chantant.

Voici la brise folle

Qui tout bas me redit :

Michelemma.   *(bis)*

Dans les airs ce nom vole,

Et partout me poursuit

Michelemma. (*bis*)

Le jour dans ma gondole,

A mon chevet, la nuit.

Il aborde, attache sa gondole à l'anneau, et continue de chanter.

Laissez votre auréole,

Mon ange, au paradis,

Michelemma. (*bis*)

Descendez mon idole

Dans les lieux où je suis,

Michelemma. (*bis*)

Les jours dans ma gondole,

A mon chevet les nuits.

Au moment où Luidgi s'approche de sa porte en chantant, le Bravo
en sort.

LE BRAVO.

Silence ! Luidgi.

LUIDGI.

Le Bravo !... Seigneur ! seigneur ! je n'ai rien
fait à la République !

LE BRAVO.

Écoute-moi.

LUIDGI.

J'écoute.

LE BRAVO.

Tu vas rentrer chez toi.

LUIDGI.

Je rentre.

LE BRAVO.

Si l'on frappe à ta porte, tu n'ouvriras pas.

LUIDGI.

Non.

LE BRAVO.

Si tu entends des cris, tu ne sortiras pas.

LUIDGI.

Non.

LE BRAVO.

Et si par hasard, chez toi, brûle quelque
lumière sur la rue, tu vas l'éteindre.

LUIDGI.

A l'instant.

LE BRAVO.

On ouvre cette porte. C'est bien : rentre !

Luidgi rentre ; on l'entend fermer sa porte en dedans. Le Bravo
s'éloigne par l'une des ruelles. La porte en face de celle de
Luidgi s'ouvre. Mafféo sort le premier ; ensuite Théodora et
Violetta.

SCÈNE DEUXIÈME.

MAFFÉO, THÉODORA, VIOLETTA.

MAFFÉO.

Pardon, madame : je croyais avoir entendu
parler.

THÉODORA.

Regarde.

MAFFÉO.

Je me suis trompé : il n'y a personne.

VIOLETTA.

Et quand vous reverrai-je, madame?

THÉODORA.

Mes visites vous font donc plaisir, mon enfant?

VIOLETTA.

Oui, je suis heureuse quand vous venez; vous
paraissez tant m'aimer, madame, moi, pauvre

orpheline abandonnée... Pardon, Mafféo, je parle de ma mère, et non pas de toi...

THÉODORA.

Votre mère !... mon enfant, ne l'accusez jamais sans savoir quels motifs vous éloignent d'elle. Peut-être souffre-t-elle plus que vous de votre absence, et songez que, près de Dieu, c'est une terrible accusation que celle que porte une fille contre sa mère !...

VIOLETTA.

Oh ! je n'accuse pas son abandon, madame ; je pleure son absence...

THÉODORA, la prenant dans ses bras avec transport.

Embrassez–moi !

MAFFÉO, bas.

Vous oubliez, madame, qu'il est dangereux que la signora Violetta...

THÉODORA.

Oui... oui, tu as raison... Rentrez, mon enfant... L'air de la nuit à Venise est fatal aux jeunes et frais visages comme le vôtre : rentrez.

VIOLETTA.

Et quand vous reverrai-je, madame?

THÉODORA.

Demain je ne puis venir; après-demain.

VIOLETTA, lui baisant la main.

Que vous êtes bonne de m'aimer!

Elle rentre et ferme la porte.

THÉODORA.

Oh! Mafféo! quelle douce et ravissante créature! et que je me reproche maintenant de
l'avoir tenue si long-tems éloignée de moi.

MAFFÉO.

Je vous disais bien dans mes lettres, madame, que vous vous priviez d'un grand bonheur.

THÉODORA.

Oui; mais je tremblais, tu le sais, que ma
funeste célébrité, dont j'étais si fière avant de
revoir ma fille, n'arrivât jusqu'à elle!... C'est
un terrible juge qu'une fille pure pour une
mère... comme moi!... Appelle Luidgi, Mafféo.

MAFFÉO va frapper à la porte de Luidgi.

Mais ce secret, vous le lui révélerez un jour?

THÉODORA.

Oui, oui!... dans six mois, dans un an... Je l'emmènerai à Naples, à Rome, en France peut-être, n'importe où, pourvu que ce soit assez loin de Venise pour que le nom de Théodora n'y soit point parvenu... Je lui avouerai tout alors... et si tu es encore près de nous, Mafféo, tu te joindras à moi : tu lui diras que j'ai été pure comme elle, que tu m'as connue aimée et digne d'être aimée; tu lui diras que celui que j'allais épouser, dans un moment de jalousie, oh! jalousie bien injuste! Oh! sans cette enfant que je portais dans mon sein, sans cette enfant qui fait aujourd'hui tout mon espoir d'avenir, combien de fois j'aurais regretté que le poignard de Giovanni n'eût pas pénétré plus avant!

MAFFÉO.

Oui, vous dites cela ici, madame, dans une

rue écartée et sombre de Venise, seule avec
moi, toute émue encore des embrassemens de
votre fille; mais dans votre palais de la Piazzetta,
au milieu des torches qui flamboient, des diamans qui resplendissent, des louanges qui eni-
vrent, de cette jeunesse qui se traîne à vos
pieds, comme à ceux d'une reine, et qui vous
dit jour et nuit avec ses mille voix : Théodora!..
Théodora! vous êtes belle!... Oh! là! ne vous
applaudissez-vous pas que Giovanni ait eu la
main si peu assurée, et que cette blessure que
l'on croyait mortelle ait été si vite refermée et
ait laissé une si légère trace?

THÉODORA.

Oui, oui... je l'avoue... cette vie a ses dé-
lices : c'est le plaisir, si ce n'est pas le bonheur... Eh bien! ton Luidgi ne vient pas!...
(Mafféo frappe de nouveau.) Sais-tu, Mafféo, pour que
pareille chose n'arrive plus, je prendrai cet
homme à mon service : je suis trop connue à
Venise pour que ce gondolier, qui demeure en
face de ta maison, ne soupçonne pas quelle est
cette femme déguisée, qui vient nuitamment

chez toi. Mieux vaut payer son silence, je crois,
que de craindre son indiscrétion. Mais que faire
donc, s'il ne vient pas?...

MAFFÉO.

Je vais vous ramener moi-même, madame;
la gondole de Luidgi s'amarre par un secret
que je connais, et si vous voulez m'accepter
pour conducteur...

THÉODORA.

Très-bien... Seulement, tu aurais dû trouver
cet expédient tout de suite. Cet air qui vient
du golfe est froid et dangereux le soir : demain
je serai pâle.

MAFFÉO, s'éloignant.

Ah ! que cette beauté dont vous prenez tant
de soins vous est fatale, madame !

THÉODORA.

Si bien que je la garde, Mafféo; et si jalouse
que j'en sois, elle s'en ira un jour; et alors il
sera tems...

MAFFÉO.

De penser à Dieu... n'est-ce pas ? Mais ne sera-
t-il pas trop tard pour que Dieu pense à vous ?..

Il descend dans la gondole ; Théodora le suit.

SCÈNE TROISIÈME.

LE BRAVO, puis SALFIÉRI.

LE BRAVO, entrant par la ruelle de droite.

C'est cela ! voilà le vieillard qui se livre... Ce que j'ai toujours remarqué dans l'ordre admirable de la Providence, c'est comme tout concourt à faciliter une mauvaise action et à en empêcher une bonne... Y a-t-il donc un Dieu pour le meurtre?

SALFIÉRI, entrant, et qui a entendu ces derniers mots.

Oui, les hommes l'ont appelé Satan.

LE BRAVO.

Tu es sans doute un de ses apôtres, toi qui sais si bien son nom?

SALFIÉRI.

Pas encore. Mais je viens à Venise pour prendre nos grades.

LE BRAVO.

Et quel maître as-tu choisi?

SALFIÉRI.

Toi.

LE BRAVO.

Tu sais qui je suis?

SALFIÉRI.

Tu es le Bravo.

LE BRAVO.

Et tu viens ainsi à moi, la nuit, sans crainte?

SALFIÉRI.

J'en avais une : celle de ne pas te rencontrer.

LE BRAVO.

Eh bien ! me voilà.

SALFIÉRI.

(A part.) Cette voix !... (Haut.) Laisse-moi te regarder d'abord...

LE BRAVO.

Regarde.

SALFIÉRI.

Oui... voilà bien l'homme au masque noir ; le spectre étrange enfin qu'on m'avait dépeint ; ainsi tu es l'homme magique devant lequel toutes les portes s'ouvrent, devant lequel tous les sbires s'écartent, devant lequel tous les voiles tombent ; tu peux prendre par le bras qui tu veux, le mener où il te plaît, entrer à Venise et en sortir librement à toute heure de jour comme de nuit : tu peux cela...

LE BRAVO.

Je le puis.

SALFIÉRI.

Et tu dois ce privilége ?

LE BRAVO.

A mon masque et à mon poignard.

SALFIÉRI.

Et celui qui les porterait aurait même puissance ?

LE BRAVO.

Oui, s'il avait même courage.

SALFIÉRI.

Prête-les-moi ?

LE BRAVO.

Que dis-tu ?

SALFIÉRI.

Je te dis qu'il me faut à tout prix, pour deux jours, ton masque et ton poignard ; car il faut que devant moi aussi toutes les portes s'ouvrent, tous les sbires s'écartent, tous les voiles tombent ; il faut que je puisse prendre par le bras qui je veux, le mener où il me plaît, entrer à Venise et en sortir librement à toute heure de nuit comme de jour : et pour cela tu vois bien qu'il me faut ton masque et ton poignard.

LE BRAVO.

Mais, pendant ces deux jours, tu serais ce que j'ai été si long-tems : la terreur et l'exécration de Venise !

SALFIÉRI.

C'est bien.

LE BRAVO.

Pendant ces deux jours, tu ferais donc ce que je fais, moi?

SALFIÉRI.

Je le ferai.

LE BRAVO.

S'il t'arrive un ordre du Conseil des Dix?

SALFIÉRI.

Je l'exécuterai.

LE BRAVO.

Et si cet ordre te commande un meurtre?..

SALFIÉRI.

Assez... il n'y a que ton masque qui puisse cacher à Venise le visage d'un proscrit. Il n'y a que ton poignard qui puisse le défendre ou le venger... à tout prix... je les veux.

LE BRAVO.

Mais sais-tu ce que c'est que de regarder la création à travers ce masque? Sais-tu qu'il assombrit tout, qu'aucun air n'arrive plus jusqu'à votre poitrine, qu'aucun rayon du soleil ne réchauffe votre visage? Sais-tu que tu ne pourras l'ôter que lorsque tu seras seul, et que chaque fois que tu l'ôteras, tu trouveras tes yeux plus creusés et ton visage plus pâle, sais-tu cela?

SALFIÉRI.

Je le sais.

LE BRAVO.

Sais-tu qu'au jour du jugement dernier, n'eusses-tu porté ce masque qu'une heure, si ce fut pendant une heure sanglante, l'ange de la mort viendra te le coller à la face, et que tu ne pourras regarder Dieu qu'au travers?

SALFIÉRI, frappant du pied.

Mais donne-moi donc ce masque et ce poi-gnard.

LE BRAVO.

Mon poignard!.. tu crois peut-être que c'est une arme loyale, qui frappe le jour, en face et bravement?.. Non, non, c'est une arme de nuit, une arme de traître...

SALFIÉRI.

N'importe !

LE BRAVO.

Tu ne l'auras pas plutôt au côté, qu'il te faudra le tirer du fourreau et frapper... (Apercevant la gondole que ramène Maffeo)... Frapper un vieillard ! peut-être... un vieillard qui aura le même âge que ton père... une voix qui ressemblera à celle de ton père... des cheveux blancs comme ceux de ton père ! (Mouvement de Salfiéri.) Tu faiblirais ?

SALFIÉRI.

Ah ! songe donc qu'à chaque pas que je vais faire dans cette ville, je puis être reconnu... Encore une fois, et pour la dernière, peux-tu et veux-tu me donner ce que je te demande ?

LE BRAVO.

Insensé !.. (Après un silence.) Oui, je le puis si je le veux... car deux hommes seulement à Venise connaissent le visage du Bravo. Deux hommes seulement pourraient dire, en le voyant sans masque, c'est lui. L'un de ces hommes est le chef du Conseil des Dix, et pour huit jours

il est absent... L'autre. (A part.) C'est un moyen
de le sauver peut-être. (Haut.) Écoute... tu es
proscrit, et si je te refuse... je te perds... Pour
combien de tems me fais-tu cet horrible em-
prunt?:..

SALFIÉRI.

Pour deux jours.

LE BRAVO.

Jure-moi donc alors que de deux jours tu ne
me rendras ce masque et ce poignard ; que de
deux jours tu ne diras qui je suis ni qui tu es;
jure-moi cela sur ce que tu as de plus sacré.

SALFIÉRI.

Sur les plaies du Christ, je te le jure.

LE BRAVO.

Je reçois ton serment; écoute, minuit sonne.

SALFIÉRI.

Eh bien ! dans deux jours, et quand minuit
sonnera.

LE BRAVO.

Pas une heure, pas une minute, pas une seconde avant.

SALFIÉRI.

Pas avant que la dernière heure n'ait sonné comme elle sonne et ne soit éteinte comme elle s'éteint.

LE BRAVO.

Attends alors.

Le Bravo va au fond du théâtre, descend les marches du quai, disparaît aux yeux du spectateur, puis, un instant après, on entend un gémissement et le bruit d'un corps qui tombe dans l'eau. Salfiéri pendant ce tems est resté immobile sur le devant de la scène.

LE BRAVO, remontant, son poignard nu et ensanglanté à la main.

Les veux-tu toujours?.... (Otant son masque.) Les voilà!...

SALFIÉRI, lui prenant la main.

Merci, mon hôte.

LE BRAVO, fausse sortie, s'arrêtant.

Dans deux jours, à minuit!

SALFIÉRI.

Dans deux jours, à minuit.

FIN DU PREMIER ACTE.

II.

Le Pont de la Paglia.

PERSONNAGES.

LE BRAVO.
SALFIÉRI.
MAFFÉO.
LUIDGI.
THÉODORA.
VIOLETTA.

PREMIER TABLEAU.

La Piazzetta. — Au premier plan, à gauche, le portique de l'église Saint-Marc. Au troisième plan, on voit une partie de l'escalier des Géans, praticable. Presqu'en face, la colonne du Lion. A droite, au quatrième plan, le palais de Théodora. Le fond représente une vue de la grande place Saint-Marc.

SCÈNE PREMIÈRE.

LE BRAVO, seul, riche costume de seigneur dalmate.

Oh! je te reconnais, fraîche brise des Apennins, à cette saveur d'oranger que tu nous apportes de Florence, et cependant il y a long-tems que je t'avais oubliée, car depuis mon fatal retour à Venise tu frappais sur mon masque et non sur mon visage. Oh! je te reconnais, Venise de mes jeunes et heureuses années, voilà bien ton palais ducal, ton escalier des Géans, ton lion de Saint-Marc, à l'épée tranchante, aux ailes éployées; il me semble être un exilé qui remet le pied sur la terre natale, un fils qui rentre dans la maison paternelle. (Des hommes commencent à circuler.) Venise! oh! je vais donc passer dans tes rues sans y laisser une trace de sang... Je vais donc me mêler à la foule sans être maudit par elle..... car si je te reconnais, tu ne me reconnais pas, Venise, car je sais tous tes secrets et tu ignores les miens.... Oh! je vais donc vivre deux jours de la vie des hommes heureux... Avenir! passé!... démons sanglans qui marchez devant et derrière moi... éloignez-vous!... éloignez-vous!.. laissez-moi respirer un peu... Depuis que ce masque odieux ne pèse plus sur mon visage... j'ai pu implorer déjà la pitié... j'ai pu faire briller l'or... Oui, depuis hier, un espoir m'est venu...

et demain, ce soir peut-être, je saurai si Dieu
veut me faire grâce enfin. Un insensé a pris ma
place... Ainsi que j'ai l'habitude de le faire, il
attend au palais ducal les ordres du Conseil.
Pendant ces deux jours on n'aura point à lui en
donner, j'espère... et moi, pendant ces deux
jours, l'indifférence au front et le rire sur les
lèvres, je pourrai tout tenter... oui, tout...
pour arracher des prisons du palais le gage qui
répond du Bravo.

SCÈNE DEUXIÈME.

LE BRAVO, LUIDGI, Gondoliers.

UN GONDOLIER.

Et il était comme ça, par terre... sur le quai...

LUIDGI.

Oh! mon Dieu oui... comme un chien.

UN HOMME.

Et mort?...

LUIDGI.

Oh! tué raide : le coup avait été donné comme
pour un jeune homme qui aurait eu encore
soixante ans à vivre...

UN HOMME.

Pauvre vieillard , c'est un meurtre infâme...
un meurtre de Turc et pas de chrétien.

UN AUTRE.

Et tu es sûr que c'est encore ce Bravo maudit ?

LUIDGI.

Si j'en suis sûr ! je crois bien , puisqu'un instant plutôt je sauvais Mafféo.... moi.

TOUS.

Vraiment ?

LUIDGI.

Je suis arrivé là le premier..... et quand le
Bravo m'a vu...

UN HOMME.

Il a pris la fuite?

LUIDGI.

Non pas précisément... non... non... je dois
même dire qu'il a montré un certain courage...
mais, c'est égal, il doit bien m'en vouloir.

LE BRAVO , riant.

Pas du tout, Luidgi, tu te trompes.

LUIDGI.

Plaît-il, Excellence?...

LE BRAVO.

Je dis que, loin de t'en vouloir, le Bravo te doit une récompense, et je ne doute pas qu'il ne te la donne à la première occasion.

LUIDGI.

Pourquoi cela?

LE BRAVO.

Toute peine mérite salaire, et tu as été d'une soumission aveugle à ses ordres.

LUIDGI.

Moi?

LE BRAVO.

Certes, tu es rentré parce qu'il t'avait dit de rentrer; tu n'es pas sorti parce qu'il t'avait dit de ne pas sortir; et tu t'es hâté de souffler la seule lumière de la maison qui brûlait sur la rue, afin que la nuit fût bien épaisse, et que pas une fenêtre indiscrète ne regardât le meurtre...

LUIDGI , reculant.

Si vous n'êtes pas Satan... qui êtes-vous donc ?

LE BRAVO.

Je suis un seigneur dalmate..... né sur les côtes de Cattaro , dont les habitans sont, comme chacun sait , adonnés à l'œuvre de magie.

LUIDGI , se signant.

Sainte Marie majeure , protégez-nous.

SCÈNE TROISIÈME.

LES PRÉCÉDENS, MICHELEMMA, puis LE MARQUIS DE
RUFFO.

MICHELEMMA, entrant en scène.

Luidgi ! Luidgi ! bonne nouvelle !...

LUIDGI.

Ah ! te voilà, piccoline... qui te fait si joyeuse ?

MICHELEMMA.

La nouvelle que je t'apporte. Je viens te dire
qu'à compter d'aujourd'hui, tu fais partie de
la maison de la signora Théodora... en qualité
de gondolier de confiance...

LUIDGI.

Per Baccho !...

MICHELEMMA.

Eh bien ! es-tu content ?

LUIDGI.

Oui certainement, pour mon corps..... qui

trouve une condition fort agréable... mais je t'avoue que je suis diablement inquiet pour mon âme..

MICHELEMMA.

Oh! povero!... mon Dieu! voilà encore le marquis.

LUIDGI.

Quel marquis?

MICHELEMMA.

Le marquis de Ruffo: c'est moi qu'il cherche.

LUIDGI.

Comment, c'est toi qu'il cherche, dis-tu?

MICHELEMMA.

Oh! rassure-toi, jaloux... ce n'est pas pour moi qu'il me cherche.

LUIDGI.

Et il fait bien....

MICHELEMMA.

Comment cela?

LUIDGI.

Parce que s'il s'était permis de jeter les yeux
sur toi...

MICHELEMMA.

Alors?...

LUIDGI.

Il aurait eu affaire à un homme qui depuis
long-tems cherche l'occasion...

MICHELEMMA.

Eh bien ! mon ami, elle se présente...

LUIDGI.

Hein !...

MICHELEMMA.

Et tu donneras en même tems à ta nouvelle
maîtresse une preuve de ton dévouement... dont
elle te sera fort reconnaissante.

LUIDGI.

Explique-toi...

MICHELEMMA.

Ce jeune seigneur poursuit la signora Théodora à toute heure, en tout lieu.

LUIDGI.

Et que veut-il d'elle ?

MICHELEMMA.

Son amour.

LUIDGI.

Est-il riche ?

MICHELEMMA.

Oui.

LUIDGI.

Alors qu'il l'achète.

MICHELEMMA.

Oui ! mais il n'est que cela... Tiens, le voici...

Le marquis de Ruffo entre en ayant l'air de chercher quelqu'un.

LUIDGI.

Ah ! je trouve qu'il est très-bien, ce jeune
seigneur.

MICHELEMMA.

Comment ?

LUIDGI.

Qu'il a l'air très-noble, et que ta maîtresse a grand tort de le dédaigner.

MICHELEMMA.

Mais cela ne nous regarde pas, et du moment qu'elle nous ordonne... car je dis nous, maintenant que tu es à son service... du moment qu'elle nous ordonne de la débarrasser d'un importun...

LUIDGI.

Ta maîtresse n'a pas le droit d'empêcher qu'un gentilhomme d'une aussi noble maison que celle dont sort le marquis de Ruffo...

MICHELEMMA.

Veux-tu que je te dise une chose, Luidgi ?

LUIDGI.

Dis.

MICHELEMMA.

Et que je te parle franchement.

LUIDGI.

Franchement...

MICHELEMMA.

Tu es un poltron...

LUIDGI.

Moi!...

MICHELEMMA.

Oui, toi... et si quelqu'un veut m'offrir le bras et me débarrasser de ce jeune homme, je lui donnerai à lui ce que je t'aurais donné à toi...

LUIDGI.

Eh que m'aurais-tu donné?

MICHELEMMA.

Un baiser.... ainsi que l'on me donne un bras... et vous verrez si je suis de parole.

LE BRAVO, allant à elle et lui offrant son bras.

Voilà ce que vous demandez, mon enfant.

MICHELEMMA.

Comment, Votre Seigneurie consentirait...

LE BRAVO.

Certainement.

MICHELEMMA.

Merci.

LUIDGI, s'éloignant.

Encore ce diable d'homme.

RUFFO, apercevant Michelemma.

Ah ! je l'aperçois enfin.

MICHELEMMA.

Il vient à nous.

LE BRAVO.

Épargnons-lui la moitié du chemin.

LE MARQUIS.

Ah ! te voilà enfin, ma charmante...

MICHELEMMA.

Mon Dieu !... monsieur le marquis... me tour-
menterez-vous donc toujours ?

LE MARQUIS.

Toujours, jusqu'à ce que tu te sois chargée
de remettre cette lettre à la signora.

MICHELEMMA.

Mais, monsieur le marquis, je ne le puis pas,
vous le savez bien...

LE MARQUIS.

Pourquoi ?...

MICHELEMMA.

Je vous ai déjà dit que ma maîtresse me l'avait défendu.

LE MARQUIS.

Eh pourquoi te l'a-t-elle défendu ?...

MICHELEMMA.

Parce qu'elle ne vous aime pas.

LE MARQUIS.

Et pourquoi ne m'aime-t-elle pas ?...

LE BRAVO.

Parce que vous êtes un fat.

LE MARQUIS, reculant d'un pas.

Signor...

LE BRAVO, avançant d'un pas.

Marquis...

MICHELEMMA, se détachant des bras du Bravo.

O mon Dieu !...

LE MARQUIS, tirant son épée à demi.

Vous avez dit là de ces paroles qui font sortir une épée du fourreau.

LE BRAVO.

Et je vais en dire d'autres qui l'y feront rentrer... Marquis de Ruffo, votre oncle le sénateur qui était si riche, et dont vous étiez le seul héritier, est mort bien vite, et a été enterré bien promptement...

LE MARQUIS.

Que dites-vous ?...

LE BRAVO.

Je dis que si les ensevelisseurs avaient regardé au-dessous du sein gauche...

LE MARQUIS.

Silence !... au nom du ciel... (Il repousse son épée.)

LE BRAVO.

Je vous l'avais bien dit !...

LE MARQUIS.

Mais qui êtes-vous donc pour savoir de tels secrets, mon maître ?...

LE BRAVO.

Un riche marchand du golfe Persique, qui suis venu à Venise par Bagdad et Jérusalem, et qui pendant les nuits de marche me suis amusé à lire dans les étoiles... (Se retournant.) Michelemma...

MICHELEMMA.

Monseigneur !...

LE BRAVO.

Sois tranquille, tu n'as plus rien à craindre de ce jeune homme...

MICHELEMMA.

Voici ma maîtresse, permettez...

LE BRAVO.

Ah ! la belle Théodora... l'Aspasie de notre époque, qui prend le siècle de Jules II pour celui de Périclès, Venise pour Athènes et Bellamonte pour Alcibiade.

SCÈNE QUATRIÈME.

Les Précédens, THÉODORA, BELLAMONTE, jeunes
Seigneurs.

THÉODORA, d'un air railleur et nonchalant.

Mais c'est vraiment un amour chevaleres-
que... que le vôtre... signor comte.

BELLAMONTE.

Vous en riez, madame, c'est bien cruel...
rire d'un amour qui me rendra fou.

THÉODORA, s'appuyant sur son bras.

Le cas échéant, mon cher comte, nous prierons l'Arioste, qui est notre ami, de vous faire
seller l'hippogriphe et de vous donner un passe-
port pour la lune; mais je vous préviens, comte,
que je suis difficile sur les preuves de folie.

BELLAMONTE.

Et pourquoi cela ?...

THÉODORA.

Parce que j'ai été gâtée... Voyez cette bague.

BELLAMONTE.

C'est un simple anneau de fiançailles.

THÉODORA.

Oui, mais c'est l'anneau des fiançailles du doge et de la mer... Il y a trois ans, j'étais sur une des gondoles les plus proches du Bucentaure , lorsque le doge jeta cet anneau dans l'Adriatique... il m'arriva de dire qu'à celui qui me rapporterait cette bague j'accorderais ce qu'il désirerait. Au même moment j'entendis un cri. Un jeune Français dont la barque touchait à la mienne venait de tomber à la mer... Deux fois je le vis reparaître et s'enfoncer aussitôt , puis une troisième enfin il revint à la surface de l'eau, nageant d'une main et me montrant de l'autre la bague que j'avais désirée.

BELLAMONTE.

Et cette bague ?...

THÉODORA.

J'ai tenu parole... je ne me rappelle plus ce qu'il me demanda en me la rapportant le soir même... mais ce qu'il me demanda, je sais qu'il l'a obtenu...

BELLAMONTE.

Eh bien ! madame, mettez mon amour à quelque épreuve du même genre...

THÉODORA , montrant le Bravo.

Voilà un seigneur dalmate qui porte au cou une bien belle chaîne du Mexique...

BELLAMONTE , allant au Bravo.

Salut à Votre Excellence !..

LE BRAVO.

Salut !...

BELLAMONTE , touchant la chaîne.

Votre Excellence possède là un bijou précieux...

LE BRAVO.

Oni, c'est une chaîne d'or que j'ai achetée à Séville... elle vient de Christophe Colomb, qui l'avait donnée à son geôlier pour en obtenir du pain moins noir et de l'eau plus pure...

BELLAMONTE.

Christophe Colomb m'importe peu... mais il me faut cette chaîne... Peut-elle se payer avec de l'or, ou avec du fer... avec la bourse ou avec l'épée?...

LE BRAVO.

Ni avec l'un ni avec l'autre, seigneur, cette chaîne m'est retenue par le comte de Bella-monte.

BELLAMONTE.

Vous dites?...

LE BRAVO.

Qu'il me l'a fait demander pour la donner à une jeune fille qui demeure derrière le pont de la Paglia, en face de la maison du gondolier Luidgi, et qu'il espère séduire avec ce cadeau.

THÉODORA, bas.

Violetta... C'était donc lui, cet homme in-connu dont m'a parlé Mafféo.

BELLAMONTE.

Et quel démon êtes-vous?..

LE BRAVO.

Je suis un alchimiste de Ferrare qui cherche la pierre philosophale, et qui, en attendant qu'il l'ait trouvée, s'amuse à dire la bonne aventure aux jeunes cavaliers et aux jolies filles.

THÉODORA, allant à Bellamonte, et lui prenant le bras.

Comte de Bellamonte, je crois qu'à la place du jeune Français, au lieu de plonger à trente pieds de profondeur pour aller chercher cette bague... vous auriez attendu la mort du doge, afin d'épouser la mer en secondes noces... c'eût été plus prudent... Allons à l'église; et comme nous sommes gens de raison, nous prierons pour les insensés.

BELLAMONTE.

Allons, madame... Mais j'espère bien que vous ne croyez pas un mot de ce que vous a dit ce misérable devin?

THÉODORA.

Oh! nous reparlerons de cela à la fête que

je vous donne ce soir... Je ne vous tiens pas quitte de l'accusation. Mais laissons là les choses profanes ; messeigneurs, nous entrons à Saint-Marc.

Ils entrent à Saint-Marc.

LUIDGI, à Michelemma

Écoute donc.

MICHELEMMA.

Quel est ce bruit ?

FOULE, derrière le théâtre.

Justice ! justice !...

MICHELEMMA.

C'est quelque émeute parmi le peuple : je rentre.

LUIDGI.

Et moi, je reste : je te raconterai ce que c'est.

SCÈNE CINQUIÈME.

LES Précédens, VIOLETTA, HOMMES DU PEUPLE.

CRIS.

Au palais ducal! au palais ducal!...

LE BRAVO.

Qu'est cela?..

LUIDGI.

Ah ! c'est la jeune fille et le peuple qui vien-
nent demander justice du meurtre du vieillard.

LE BRAVO.

C'est chose nouvelle que d'entendre crier
justice pour un meurtre dans les rues de
Venise...

VIOLETTA.

Oh! laissez-moi, mes amis... mes bons amis!

LES CRIS.

Justice!... justice!

VIOLETTA.

Oui, oui, justice!.. je la demande comme vous... Mais vous m'épouvantez : vos cris me font peur... Mon Dieu! mon Dieu!...

UN HOMME DU PEUPLE.

Non, non... Il faut que justice soit faite au peuple, quand le peuple demande justice..... Nous te porterons dans nos bras, nous te porterons jusqu'en face du tribunal, jusqu'aux pieds du doge, et nous te ferons faire justice...

VIOLETTA.

Vous me ferez mourir, voilà tout : ayez pitié, ayez pitié !

Elle tombe sur ses genoux.

LE BRAVO, étendant la main sur Violetta.

Laissez cette jeune fille... Les caresses du peuple sont comme celles du lion : elles étouffent... (Il prend Violetta par la main.) Viens, enfant, et respire à l'aise.

VIOLETTA.

Merci, merci! vous êtes mon ange sauveur!

Elle abaisse son mezzaro sur sa figure.

LE BRAVO, au peuple.

Eh bien! que voulez-vous maintenant?... Parlez.

UN HOMME DU PEUPLE.

On a tué le vieux Mafféo... un homme du peuple qui n'avait rien fait contre la République... on l'a tué au nom de la République... c'est quelque vengeance particulière, quelque projet infâme qui s'est caché sous ce nom : on l'a tué en traître, et nous demandons justice.

LE BRAVO.

Et toi, que veux-tu, mòn enfant?

VIOLETTA, joignant les mains.

Moi, je ne veux rien... rien que pleurer mon père; car c'était mon père, puisque je n'ai pas de famille!... J'étais chez moi... tout ce monde est accouru... toute cette foule s'est précipitée portant un corps ensanglanté : c'était celui de

Mafféo !... puis, sans pitié pour mes cris, pour mes larmes, elle m'a prise, enveloppée, entraînée... sans que je susse où j'allasse... parlant de sang et de mort, et demandant justice.

LE BRAVO, au peuple.

Et contre qui, justice ?

UN HOMME DU PEUPLE.

Contre le Bravo.

LE BRAVO.

Tu es bien hardi, toi... Et au nom de qui demandez-vous justice... quand la noblesse, le sénat, n'osent pas la demander ?

L'HOMME.

Nous la demandons au nom du peuple !

LE BRAVO.

Et si on vous la refuse !

L'HOMME.

Nous nous la ferons.

LE BRAVO.

Les tems ne sont pas venus, et le vent emportera vos paroles... (A Violetta.) Et toi, jeune fille, veux-tu aussi justice?... veux-tu aussi la mort du Bravo?

VIOLETTA.

Je veux un couvent où je puisse servir Dieu... une cellule où je puisse pleurer.

LE BRAVO.

(A part.) Pleurer! pleurer! pauvre enfant! pourquoi t'ai-je rencontrée sur ma route... Oh! en te sauvant de Bellamonte, je réparerai peut-être le mal que je t'ai fait. (Haut.) Oui... à toi... il faut un couvent; une cellule... car tu es un ange, tu es trop belle et trop pure pour le monde des hommes...

L'HOMME.

Mais il faut cependant que quelqu'un recueille l'orpheline, et si personne ne se présente... il faut que le doge lui serve de père et Venise de mère.

LE BRAVO.

Le doge est un père inflexible et dur à ses

enfans... Venise est une mère débauchée et perdue : ni l'un ni l'autre ne sont dignes d'avoir une telle fille... Mon enfant...

VIOLETTA , levant la tête.

Monseigneur.

LE BRAVO.

Vous n'avez aucun parent au monde?

VIOLETTA.

Aucun.

LE BRAVO.

Vous ne connaissez personne dans cette ville?...

VIOLETTA.

Personne... qu'une femme encore jeune et fort belle, qui venait me voir de tems en tems... et qui paraissait m'aimer beaucoup... Mais je ne sais pas même son nom... Mafféo seul savait ce secret, et il l'a emporté avec lui.

LE BRAVO.

Vous ne désirez qu'un couvent et une cellule?

VIOLETTA.

Je ne désire que cela.

LE BRAVO.

Et vous ne pouvez pas y payer votre dot?

VIOLETTA.

Je n'ai rien.

LE BRAVO.

Vous l'avez entendu, mes maîtres... Cette enfant ne désire rien au monde qu'un couvent... mais elle n'a pas de quoi y payer sa dot... je la paierai... Cette enfant est orpheline... isolée... sans appui... elle n'a pas de père... je lui en servirai : vous vouliez qu'un homme riche l'adoptât; je suis riche et je l'adopte : avez-vous encore quelque chose à dire?...

L'HOMME.

Non : elle accepte...

LE BRAVO.

Acceptes-tu, ma fille?

VIOLETTA.

Oui, car le ciel, sans doute, vous envoie à la pauvre orpheline pour la garder et la défendre.

L'HOMME.

Dieu vous garde tous deux alors !

LE BRAVO, emportant Violetta dans ses bras.

(A part.) Bellamonte, tu l'iras chercher trop tard. (Haut.) Place au père et à la fille !

LE PEUPLE.

Vive l'inconnu !.. mort au Bravo ! vive l'étranger !... le riche seigneur !... Mort au Bravo ! mort !

En ce moment Salfiéri paraît tout en noir, le visage couvert de son masque noir, au haut de l'escalier des Géans. Le peuple se tait en l'apercevant, recule au fur et à mesure qu'il descend les marches, s'écarte devant lui et le laisse tranquillement prendre sa place au pied de la colonne du Lion.

FIN DU PREMIER TABLEAU.

DEUXIÈME TABLEAU.

L'oratoire de Théodora.

SCÈNE PREMIÈRE.

MICHELEMMA, puis LUIDGI.

On frappe à la porte ; Michelemma va ouvrir.

MICHELEMMA.

C'est toi, Luidgi ?

LUIDGI.

Personnellement.

MICHELEMMA.

Et par quel hasard entres-tu ici ?

LUIDGI.

Ne suis-je pas gondolier de confiance de la signora?

MICHELEMMA.

Eh bien!... mais... la place d'un gondolier...

LUIDGI.

Est dans sa gondole... logique très-logique... mais je me suis dit : si je profitais du moment où la signora Théodora n'y est pas pour voir cet oratoire qui fait tant de bruit à Venise, que la chapelle de Saint-Ambroise en est jalouse, cela vaudrait mieux que de rester sur la Piazzetta, où l'on s'échine probablement à cette heure. Per Baccho! il mérite sa réputation. Quand je pense à la quantité d'ames qui se sont trompées de chemin en passant par ici, et qui, au lieu de suivre honnêtement le chemin du paradis, ont passé par cette porte qui m'a bien l'air de ressembler à un vestibule de l'enfer.

MICHELEMMA.

Silence! la signora.

SCÈNE DEUXIÈME.

Les Précédens, THÉODORA, suivi de BELLAMONTE.

THÉODORA.

Quel est cet homme ?

MICHELEMMA.

Le gondolier que Votre Seigneurie attache à son service.

THÉODORA , à Michelemma et à Luidgi.

Sortez.

Ils sortent.

SCÈNE TROISIÈME.

THÉODORA, BELLAMONTE.

THÉODORA.

Décidément, comte, vous êtes l'homme le plus obstiné de Venise : c'est une justice que je me plais à vous rendre.

BELLAMONTE.

Dites le plus amoureux, madame : c'est un aveu que je me plais à vous faire.

THÉODORA.

Il est triste, alors, que cet amour obstiné ou cette obstination amoureuse, comme vous voudrez nommer votre éternelle poursuite, vienne se heurter contre une volonté aussi arrêtée que la mienne... Je crois, Dieu me pardonne, que si vous vous étiez mis dans la tête de devenir un grand homme, avec moitié moins de persévérance vous seriez déjà à moitié chemin.

BELLAMONTE.

Ceci, madame, est l'affaire de mes aïeux,
qui ont bien voulu se charger de me faire un
nom.

THÉODORA.

Que vous vous chargez de défaire. Vous êtes
d'une famille heureuse en entreprises, comte.

BELLAMONTE.

Mais, madame, je pensais qu'un noble nom
était pour vous de quelque importance ?

THÉODORA.

Quand on le porte, oui ; quand il vous porte,
non.

BELLAMONTE.

Le nom des Bellamonte est inscrit à la table
de marbre et au livre d'or, et il y restera tant
que Venise comptera parmi les villes du monde
et portera sa couronne comme reine de l'Adriatique.

THÉODORA.

Si Venise est reine de l'Adriatique, je suis

reine de Venise, moi : comme elle, j'ai mes tables de marbre et mon livre d'or, et comme elle j'y ai fait inscrire des noms célèbres... mais ceux-là vivront encore lorsqu'elle ne sera plus... Jetez les yeux sur ces fresques, et lisez : voici le nom de Michel-Ange au-dessous d'une Sainte-Famille, celui de Raphaël écrit sur une pierre de la Vierge Marie-aux-Ruines ; cette sainte Cécile, pour laquelle j'ai posé, est signée Jules Romain ; ce Christ au tombeau, dont j'ai l'original et dont Dieu n'a que la copie, est du Titien : voilà mes tables de marbre à moi. (Elle ouvre un livre.) Maintenant, voyez, ce sonnet est de Guichardin, cette strophe est de l'Arioste, cette maxime de Machiavel, cette canzonetta du Trissino : voilà mon livre d'or ; car toutes ces choses ont été écrites pour moi par ceux qui les ont faites. Je vous ai dit que j'étais reine : cette couronne vaut bien celle du doge, j'espère ! Eh bien ! voyez, comte de Bellamonte, il y a des panneaux vides, il y a des pages blanches : prenez une plume, prenez un pinceau, un fleuron de plus.

BELLAMONTE.

Il y a des hommes qui sont venus au monde
pour faire des livres et des tableaux, et d'autres
qui sont nés pour les acheter. Y a-t-il dans le
palais du doge un tableau qui vous plaise? je le
couvrirai de sequins. Voulez-vous le manuscrit
original de *l'Orlando furioso* ou *del Principe?*
dites-le moi encore; j'irai trouver l'Arioste ou
Machiavel, et je leur troquerai contre l'agrafe
de cette toque, qui les rendra riches à ne plus
jamais être obligés de faire le misérable métier
de poète pour vivre... Mais un pinceau en pal
ou une plume en sautoir feraient tache sur l'é-
cusson d'un Bellamonte.

THÉODORA.

Eh bien! alors, seigneur comte, prenez l'épée
de Trivulce ou de Doria, passez à votre ceinture
le poignard de Fiesque ou de Rienzi : combat-
tez pour la République ou contre la République;
devenez général ou conspirateur; au lieu de
comte de Bellamonte, appelez-vous Bellamonte
le victorieux ou Bellamonte le proscrit; venez

à moi avec une célébrité qui soit à vous... et
dites-moi alors : Théodora, je vous veux !...
(Riant.) Vous m'aurez...

BELLAMONTE.

Ainsi, jusque-là ?...

THÉODORA.

Jusque-là, il faudra vous contenter d'acheter
des chaînes d'or pour les jeunes filles qui de-
meurent derrière le pont de la Paglia, en face
de la maison du gondolier Luidgi.

BELLAMONTE.

Eh bien! madame, je suivrai votre conseil,
et de ce pas je vais la lui porter.

Il sort.

THÉODORA.

Oh! j'y serai avant toi, comte de Bellamonte,
et je trouverai pour elle, je te le jure, une re-
traite si profonde, que tu ne la découvriras
pas... Michelemma !.. Luidgi !.. Michelemma !

SCÈNE QUATRIÈME.

THÉODORA, MICHELEMMA, LUIDGI.

MICHELEMMA.

Signora!..

THÉODORA.

Vite! vite! Luidgi et sa gondole!

MICHELEMMA.

Luidgi.

LUIDGI.

Signora.

THÉODORA.

Luidgi, tu vas me conduire vis-à-vis chez toi, derrière le pont de la Paglia, à la maison du vieux Mafféo.

LUIDGI.

Votre Seigneurie va donc à son enterrement?

THÉODORA.

Qu'est-ce que tu dis?

LUIDGI.

Mafféo a été assassiné hier.

THÉODORA.

Mafféo !... ce vieillard... et l'enfant... la jeune
fille qui était chez lui ?...

LUIDGI.

La signora...

THÉODORA.

Violetta, où est-elle? qu'est-elle devenue?

LUIDGI.

Un étranger l'a enlevée ce matin.

THÉODORA.

Voyons, mon Dieu ! expliquons-nous : tout
ce que tu me dis là est fou !... je n'y comprends
rien !

LUIDGI.

Mafféo est mort. La jeune fille, amenée ce

matin sur la place publique par le peuple qui
demandait justice pour l'orpheline, a été adoptée par un étranger que personne ne connaît à
Venise, et qui connaît tout le monde.

THÉODORA.

Et cet étranger?

LUIDGI.

L'a emmenée.

THÉODORA.

Ah! c'est à briser la tête et le cœur tout cela!
à quelle heure donc? pendant que j'étais à
l'église, et je priai Dieu pendant ce tems!
pendant qu'on tuait Mafféo et qu'on enlevait
Violetta!.. Et cela se passait là, sur cette place,
à deux pas de moi!.. Oh! à qui m'adresser à
Venise pour ravoir cette enfant? Mon or, mes
diamans, ce palais, à qui me dira où est Violetta, où est ma fille!

MICHELEMMA ET LUIDGI.

Sa fille!

THÉODORA.

Oui, ma fille!... c'est ma fille!... je veux ma
fille!... qu'on me rende ma fille!...

7

LUIDGI.

Il n'y a qu'un homme qui le puisse, madame.

THÉODORA.

Lequel ? qu'on me l'amène : j'embrasserai ses genoux !

LUIDGI , montrant le Bravo.

C'est celui qui est là-bas, au pied de cette colonne !

THÉODORA.

Le Bravo ?

LUIDGI.

Le Bravo.

THÉODORA.

Cours, Luidgi, dis que c'est une mère..... amène-le, il viendra, il faut qu'il vienne : dis-lui que je suis riche, va le chercher, amène-le-moi!... Là, là, Michelemma, ma mantille, mon mezzaro, mon masque!... Ah! pauvre enfant! pauvre Violetta!... Bon! voilà Luidgi qui va à lui!... qui lui parle... (Faisant signe par la fenêtre.)

Venez ! venez !.. c'est ici !.. Eh bien ! il refuse !..
(*Étendant les bras vers lui.*) Je vous en supplie !.. oh !
j'y cours moi-même !

MICHELEMMA.

Madame, madame !.... vous..... parler à cet
homme, sur la place publique, en plein jour,
à la face de Venise... impossible... impossible !..
donnez-moi un mot, quelques lignes pour lui,
et je l'irai trouver.

THÉODORA, *écrivant.*

« Ma vie, ma fortune à vous, si vous venez. »
Porte ce billet... porte-le !...

Michelemma sort en courant.

SCÈNE CINQUIÈME.

THÉODORA, SALFIÉRI.

THÉODORA, tombant à genoux devant un christ.

Mon Dieu! Seigneur!.. mon Dieu! mon Dieu! Oh! oh! que je suis malheureuse! (Se relevant et courant à la fenêtre.) Va, Michelemma... va donc!.. Elle lui parle... elle lui remet le billet... il lui demande si c'est moi qui l'ai écrit. (Ouvrant la jalousie.) Oui... oui, c'est moi... moi, moi... Le voilà... il vient... Ah! mon Dieu! mon Dieu!.. le voilà!

SALFIÉRI, se précipitant dans l'appartement.

C'est de vous, madame, cette lettre?

THÉODORA.

C'est de moi.

SALFIÉRI.

De votre écriture?

THÉODORA.

Oui.

SALFIÉRI.

(A part.) L'écriture du billet déchiré, oublié à Gênes! (Haut.) Parlez : que me voulez-vous?

THÉODORA.

Ma fille!

SALFIÉRI.

Vous avez une fille? ah !...

THÉODORA.

J'en avais une...

SALFIÉRI.

Comment?

THÉODORA.

Oh! un trésor!... rien de pareil sous le ciel! que je cachais à tous les yeux! Il y a quinze jours que je l'ai fait venir à Venise.

SALFIÉRI.

De Gênes?

THÉODORA.

Oui, avec...

SALFIÉRI.

Mafféo... Et on la nommait?...

THÉODORA.

Violetta!

SALFIÉRI.

Violetta!...

THÉODORA.

Eh bien! Mafféo est assassiné, et Violetta perdue!

SALFIÉRI.

Perdue! perdue! Violetta perdue!.. Je te la retrouverai, femme!

THÉODORA.

Alors, vois-tu, si tu me la retrouves, ce que tu voudras, ma fortune, mon sang, ma vie, un crime : tu pourras tout demander.

SALFIÉRI.

Tu me le jures!

THÉODORA.

Oui, je te le jure! Je me suis adressée à toi;

parce que tu dois tout savoir, toi : un homme l'a enlevée ce matin, là... à cette place, en face de Venise ! Il faut que tu me retrouves cet homme. Il est inconnu, me dit-on ; mais il n'y a pas d'inconnu pour toi. Il est étranger ; mais nul n'entre à Venise ou n'en sort sans que tu saches où il va et d'où il vient.

SALFIÉRI.

Oh ! sois tranquille : tout ce qu'on peut faire, je le ferai ; mais aussi, ce que je demanderai tu me le donneras ?

THÉODORA.

Oui, tout, tout, tout... je t'en fais serment, et ce serment, c'est une mère qui te le fait ; une mère, c'est-à-dire ce qu'il y a de plus sacré au monde après Dieu !.. et qui te le fait non pas par une madone, non pas par un saint, non pas par le Christ... mais par les jours de sa fille!...

SALFIÉRI.

C'est bien.

THÉODORA.

Ne perds pas un instant ! fouille Venise comme

ferait un avare à qui on aurait volé son trésor !..
comme un amant à qui on aurait ravi sa maîtresse !... Palais et cabanes, vaisseaux et gondoles, quais et rues, visite tout : va, au nom du
ciel ! va, va, va !... et ne reviens pas sans elle !..

SALFIÉRI.

Tu nous reverras ensemble, ou [tu ne nous
reverras ni l'un ni l'autre.

Il sort.

THÉODORA , tombant à genoux.

Mon Dieu, Seigneur ! vous qui avez vu mourir votre fils ! rendez-moi ma fille !

FIN DU DEUXIÈME ACTE.

III.

Le Bravo.

PERSONNAGES.

LE BRAVO.
SALFIÉRI.
BELLAMONTE.
RUFFO.
LUIDGI.
THÉODORA.
VIOLETTA.
MICHELEMMA.
Dames et Seigneurs masqués.

PREMIER TABLEAU.

Même décoration qu'au premier acte.

SCÈNE PREMIÈRE.

LE BRAVO, VIOLETTA.

LE BRAVO, regardant Violetta endormie.

La douce et sainte chose qu'un enfant en-
dormi, et quelle merveille que ce visage d'ange
où la main des hommes n'a point encore effacé
le doigt de Dieu!... Pauvre enfant! perdue et
abandonnée!... oh! je devais bien te recueillir,
moi qui t'ai faite orpheline!... Dieu conduit les

choses de ce monde par des voies qui échappent à la vue des hommes... Dieu est grand et miséricordieux ; car je n'attendais ni ne méritais ce bonheur...

VIOLETTA, s'éveillant.

Ah ! mon Dieu !...

LE BRAVO.

Mon enfant !

VIOLETTA.

Où suis-je ? où m'a-t-on transportée ?...

LE BRAVO.

N'ayez pas peur !...

VIOLETTA, appelant.

Mafféo ! Mafféo !

LE BRAVO.

Oh ! n'appelez pas ce vieillard avec cet accent, car il me semble qu'il sortirait du tombeau pour vous répondre...

VIOLETTA.

C'est vrai..... c'est vrai !.... Mort... mort..... mort !....

LE BRAVO, à part.

Oh! combien de voix, au jour du jugement dernier, crieront ainsi autour de moi : Mort!.. mort!.. mort!..

VIOLETTA.

Pardon... Oh! je sais tout ce que je vous dois : vous m'avez ramassée, pleurante et brisée à vos pieds où j'étais tombée faute d'appui! L'heure à laquelle les portes du couvent de Sainte-Marie s'ouvrent d'ordinaire étant passée, vous m'avez dit : Enfant, veux-tu, jusqu'à demain seulement, accepter l'asile que t'offre ton second père?... et, jusqu'à demain, j'ai consenti à rester sous votre protection; car vous êtes bon, j'en suis sûre; mais lorsque je me suis réveillée seule ainsi, avec un homme inconnu, moi, jeune fille... j'ai tremblé.

LE BRAVO.

Pour ta vie?

VIOLETTA.

Oh! non...

LE BRAVO.

Viens, enfant, et regarde-moi... J'ai trente-cinq ans à peine, il est vrai ; mais as-tu vu, à mon âge, beaucoup de fronts aussi ridés que le mien, beaucoup de visages aussi pâles?... Je suis comme ces arbres du Lido, vois-tu, autour desquels il a grondé tant de tempêtes, qu'ils ont séché sur leurs tiges, et qu'ils ne portent plus ni fleurs ni fruits. (Frappant sur son front.) Plus rien ici! qu'une pensée sinistre, incessante, éternelle!.. (Frappant sur son cœur.) Plus rien là ! qu'une abîme sans fond, où les hommes ont jeté le crime et Dieu le remords !

VIOLETTA.

Le crime et le remords !...

LE BRAVO.

Oui... ce sont deux mots d'une langue étrangère que tu ne connais pas.

VIOLETTA.

Vous les connaissez, vous... mon Dieu !

LE BRAVO.

Tu me les feras oublier... Oui, en retour de ce que j'aurai pu faire pour toi, je ne te demanderai qu'une grâce.

VIOLETTA.

Parlez.

LE BRAVO, avec le ton de la prière.

Tu me permettras de venir au couvent que tu auras choisi... là, te voir heureuse et calme, t'entendre me dire que tu me dois ce calme et ce bonheur... Voilà toute la part de félicité que je puis encore espérer dans ce monde, et je te la devrais, enfant... me l'accorderas-tu?

VIOLETTA.

La pauvre orpheline que vous avez recueillie, adoptée, pourra-t-elle vous la refuser?

LE BRAVO.

Merci.

VIOLETTA.

Mais... pourquoi m'avez-vous parlé tout à l'heure... de crimes, de remords?... vous, si bon, si généreux... oh! peut-il y avoir dans votre passé des jours dont le souvenir vous pèse?...

LE BRAVO.

A l'heure de la naissance, la fatalité écrit l'histoire des hommes sur un livre de fer : chaque jour le tems tourne un feuillet, et l'homme fait ce qui est écrit.

VIOLETTA.

Oh ! que me dites-vous ?...

LE BRAVO.

Et fût-il vertueux et bon, tel que tu me crois, il faut qu'il obéisse à sa destinée, lui commandât-elle un meurtre !...

VIOLETTA.

Oh ! mais vous blasphémez... car Dieu a dit : « Tu ne tueras pas. »

LE BRAVO.

Dieu !... Garde ta croyance, enfant... moi, j'ai bien souvent douté.

VIOLETTA.

Vous ?

LE BRAVO.

Depuis qu'une histoire m'a été contée qui a glacé ma foi... oh ! c'est une histoire étrange... Violetta !... J'ai quelques minutes encore à res-

ter auprès de vous... laissez-moi vous la dire...
Après l'avoir entendue, vous comprendrez peut-
être que le doute vienne aux hommes : voulez-
vous m'écouter?...

VIOLETTA.

Oh oui ! parlez.

LE BRAVO.

Eh bien ! asseyez-vous.

Il y avait à Venise... je ne sais plus vers quel
tems..... un jeune homme de vingt-six ans,
riche, brave, et qui eût vécu heureux sans le
souvenir d'un premier crime... C'est peut-être
celui-là que Dieu a voulu punir...

Ce jeune homme avait un père qu'il aimait
d'un amour saint et filial.

Un jour, sous le prétexte d'une conspiration,
dont il n'avait pas même connaissance, ce jeune
homme et son père, qui habitaient hors de
Venise, furent arrêtés... On les traîna devant
le Conseil des Dix... et là... iniquement, sans
preuves, sans témoins, par le droit qu'il ne
tient ni de Dieu ni des hommes, mais qu'il s'est

8

arrogé lui-même... là... le tribunal condamna le vieillard!... et acquitta le jeune homme!... On reconduisit le vieillard en prison, on mit le jeune homme en liberté... Écoutez-vous, mon enfant?

VIOLETTA.

Mais que fit le jeune homme?

LE BRAVO.

Le jeune homme se traîna à leurs pieds, offrit son sang en échange du sang de son père, sa vie pour racheter la vie de son père... Le tribunal... oh! c'était une dérision à faire tomber la foudre du ciel, le tribunal répondit qu'il était un tribunal de justice... que, dans sa justice, il avait condamné le père et acquitté le fils... que le fils vivrait, que le père mourrait...

VIOLETTA.

Oh! c'est affreux!...

LE BRAVO.

Attends donc encore... attends donc, jeune fille; car je ne t'ai rien dit... En rentrant chez lui, le fils trouva le président du tribunal.

VIOLETTA.

Ah!...

LE BRAVO.

Celui-là aussi était un vieillard.

VIOLETTA.

Et il apportait au fils la grâce du père.

LE BRAVO, riant.

C'est cela... écoutez! La République de Venise avait besoin d'un homme sûr et dévoué... dont le bras fût aveugle et le poignard mortel... d'un homme qui, à toute heure de la nuit, sur un ordre du tribunal, exécutât sans hésiter la sentence rendue... il avait besoin enfin de donner un aide au bourreau, qui ne tue que le jour... et l'on venait proposer au jeune homme la vie de son père, à la condition qu'il serait, lui, ce meurtrier dont le tribunal avait besoin... Il est vrai qu'on lui permettait de mettre un masque sur sa figure, afin de rester inconnu.

VIOLETTA.

Il refusa?

LE BRAVO.

Avec horreur!... Le soir, le jeune homme reçut, pour le lendemain, la permission de voir son père...

VIOLETTA.

Oh ! le tribunal s'était attendri?..

LE BRAVO.

Oui... Le lendemain il courut trouver ce vieillard, qu'il n'espérait plus embrasser... Ce fut une scène affreuse que ce père qui bénissait et ce fils qui blasphémait... Pendant ce tems, un crieur s'arrêta sous les fenêtres de la prison... il lut à haute voix le jugement du vieillard... et ni le père ni le fils n'en perdirent un mot... Les bénédictions et les blasphèmes cessèrent : le vieillard retomba sur le plancher, et l'on vint dire au fils qu'il était tems qu'il sortît... En rentrant chez lui, il y retrouva le président du tribunal qui venait de nouveau lui proposer le marché de sang !

VIOLETTA.

Et il refusa encore ?

LE BRAVO.

Oui, encore... Le lendemain, le jeune homme reçut une nouvelle permission de voir son père, et il courut à la prison... On avait donné au condamné une autre chambre : celle-là donnait sur la Piazzetta!... Le fils et le père se jetèrent en pleurant dans les bras l'un de l'autre...

Bientôt il se fit un si grand bruit sur la place, que les deux infortunés jetèrent les yeux sur la fenêtre... Il y avait au milieu de la place un billot!... et près de ce billot, un homme vêtu de rouge, qui tenait une longue épée à la main!.. puis à l'entour de ce billot et de cet homme... une population tout entière... attendant...

On allait exécuter le vieillard!...

VIOLETTA.

Ah!...

LE BRAVO.

Cette tête blanche et vénérable que le fils pressait sur sa poitrine, elle allait tomber... sous ses yeux!... là... là... là!...

VIOLETTA.

Oh! le fils accepta le marché que lui proposait le tribunal?...

LE BRAVO.

Merci, jeune fille... merci!...

Le fils mit un masque à son visage... un poignard à sa ceinture... et alla dire au Conseil des Dix : me voilà!

VIOLETTA.

Et dès lors?...

LE BRAVO.

Dès lors... le fils fut vendu corps et ame... mais le père vécut... Il devint la terreur et l'exécration de Venise... mais le père vécut... Chaque jour... il reçut l'ordre de nouveaux meurtres... mais le père vécut... Il n'eut plus de sommeil la nuit... plus de repos le jour... il ne crut plus en rien de ce qui lui était sacré auparavant... ni à la Providence, ni à Dieu... mais chaque soir... il eut la permission de voir le vieillard... (Sept heures sonnent.) Écoutez!...

VIOLETTA.

Sept heures.

LE BRAVO.

Adieu! mon enfant : il faut que je sorte...

VIOLETTA.

Et vous me laissez seule ainsi?...

LE BRAVO.

Tu n'as rien à craindre... personne ne vien—
dra... N'ouvre d'ailleurs qu'à celui qui frappera
ainsi trois coups : ce sera moi.

Il sort.

SCÈNE DEUXIÈME.

VIOLETTA, seul.

Oh! oui… il a raison… c'est une terrible histoire, et qui serait capable de faire douter de
tout, si Dieu n'avait des voies mystérieuses et des
desseins cachés!… Que deviendrais-je, quand
je suis seule ainsi, si je ne savais plus plier les
genoux devant quelque sainte image?… (Cherchant
des yeux.) Mais je cherche en vain… point de madone… point de crucifix dans cette chambre…
O mon Dieu!..… peu vous importe, n'est-ce
pas?… de quelque lieu qu'elle parte, et devant
quelque autel que ce soit, la prière du faible
monte toujours jusqu'à vous!…

Mon Dieu!… vous m'avez repris mon père et
ma mère avant que je les connusse… un homme
les avait remplacés… et vous l'avez rappelé à
vous… Il n'est donc plus sous le ciel qu'un seul

être pour lequel je puisse prier : veillez sur les jours de Salfiéri!... (On frappe trois coups à la porte.) Est-ce mon protecteur? déjà de retour! Oh! c'est impossible... C'est cependant ainsi qu'il m'a dit qu'il frapperait... Ouvrons.

SCÈNE TROISIÈME.

SALFIÉRI, VIOLETTA.

VIOLETTA.

Ah ! ce n'est pas lui !

SALFIÉRI.

Une jeune fille ici... Violetta.

VIOLETTA.

Mon **Dieu**, mon **Dieu** ! d'où savez-vous mon nom ?

SALFIÉRI.

Violetta, là ! près de moi... Violetta perdue et retrouvée..... ah ! malgré mon serment.... Violetta, devant toi seule j'arracherai mon masque.

VIOLETTA.

Salfiéri !

SALFIÉRI.

Oui, Salfiéri qui te cherchait pour te rendre à ta mère.

VIOLETTA.

Ma mère... j'aurais une mère, moi !

SALFIÉRI.

Oui, oui, Violetta... oh ! mais c'est un songe !
un délire... oh ! parle-moi..... regarde-moi.....
Violetta... ta voix, tes yeux... tu ne m'as donc
pas oublié?

VIOLETTA.

Je priais pour vous, et Dieu m'a entendu...
oh! que je suis heureuse maintenant!... Mais
pourquoi ce masque?

SALFIÉRI.

Ce masque!.. ne suis-je pas proscrit à Venise,
et perdu si l'on me découvre!...

VIOLETTA.

Oh!

SALFIÉRI.

Que me fait le danger que je cours?.. Violetta, je t'ai revue!... Et ta mère, ta mère retrouvée!... comprends-tu? ta mère... ta mère,
à qui je vais te rendre, et qui m'a juré, sur ta
vie, de m'accorder ce que je lui demanderais...

VIOLETTA.

Et que demanderez-vous?

SALFIÉRI.

Mon bonheur et le tien... ta vie et la mienne!..

VIOLETTA.

Vous avez donc lu sur la glace?

SALFIÉRI.

Oui... le mot Venise.

VIOLETTA.

Et vous êtes parti pour me suivre?

SALFIÉRI.

Sur le premier vaisseau qui a fait voile.

VIOLETTA.

Tout proscrit que vous étiez?

SALFIÉRI.

J'aurais affronté mille morts pour arriver jusqu'à toi... Mais partons... partons!

VIOLETTA.

Partir... oh! le puis-je, sans rendre grâce à

mon bienfaiteur, sans lui dire que j'ai retrouvé ma mère... Elle m'aime donc, ma mère?

SALFIÉRI.

Oh! oui, oui... Mais que parles-tu de bienfaiteur?...

VIOLETTA.

Celui qui habite cette maison... c'est lui qui m'a recueillie...

SALFIÉRI.

Comment!... cet homme?... le Bra.....

On frappe trois coups à la porte.

VIOLETTA, courant à la porte.

Le voilà!

SALFIÉRI.

Silence, Violetta... Rentre dans cette chambre... oh! laisse-moi seul avec lui... rentre.....

VIOLETTA.

Oh! mon Dieu! vous quitter... Si j'allais vous perdre encore!..

SALFIÉRI.

Ne crains rien... ne crains rien... je veille sur toi maintenant.

On frappe un seconde fois. Violetta rentre. Salfiéri va à la porte, et l'ouvre.

SCÈNE QUATRIÈME.

SALFIÉRI, LE BRAVO.

LE BRAVO, reculant.

Malédiction! un homme ici!...

SALFIÉRI.

Eh! qu'y a-t-il d'étonnant? quand cet homme
c'est moi...

LE BRAVO.

C'est vrai... j'avais oublié que tu savais comment te faire ouvrir cette porte... Mais où est
la jeune fille?...

SALFIÉRI.

Elle est là...

LE BRAVO, la main sur son poignard.

Lui as-tu dis qui j'étais?

SALFIÉRI.

Si elle te connaissait, serait-elle encore ici?

LE BRAVO.

Bien... Maintenant, que veux-tu?

SALFIÉRI.

Maintenant... je veux cette jeune fille qui est là.

LE BRAVO.

Qu'est-ce que tu as dit, malheureux?...

SALFIÉRI.

Écoute... Si j'avais voulu l'enlever en ton absence, je le pouvais... mais c'eût été mal payer ta confiance et ton hospitalité... j'ai attendu ton retour...

LE BRAVO.

Espérant que je t'accorderai cette demande insensée?

SALFIÉRI.

L'espérant...

LE BRAVO.

Tu t'es trompé... Cette jeune fille est à moi : je ne la rendrai à personne...

SALFIÉRI.

Pas même à sa mère...

LE BRAVO.

Que dis-tu ?... à sa mère !.. elle n'en a pas...

SALFIÉRI.

Elle en a une, et je la quitte... et je viens, en son nom, te la demander... Je ne savais pas qu'elle fût ici... j'accourais pour te dire : Aide-moi... toi qui connais tout ce qui se passe à Venise, aide-moi à rendre une fille à sa mère... J'ai trouvé ici cette enfant... elle m'a raconté la mort de Mafféo... elle m'a dit comment tu l'avais adopté... et alors, j'ai reconnu que celle que je cherchais c'était elle...

LE BRAVO.

Et tu me la demandes au nom de sa mère ?..

SALFIÉRI.

Au nom d'une mère en larmes, qui s'est traînée à mes pieds en criant : Grâce à Dieu !..

LE BRAVO.

C'est bien sacré... une mère...

9

SALFIÉRI.

Oui, oui... c'est sacré... une mère a des droits
sur son enfant que nul ne peut lui ravir; car
son enfant lui a été donné par Dieu... celle-là
surtout paraît tant aimer sa fille !...

LE BRAVO.

Et quelle est-elle... où demeure-t-elle?...

SALFIÉRI.

Dans le palais qui fait le coin de la Piazzetta,
en face de la colonne du Lion.

LE BRAVO.

Mais ce palais est à Théodora !

SALFIÉRI.

Oui, c'est cela... c'est cela... ce nom est bien
celui qui se trouvait au bas du billet qu'elle
m'a écrit... Sa mère se nomme Théodora...

LE BRAVO.

Et elle veut qu'on lui rende sa fille ?

SALFIÉRI.

Elle la demande à genoux...

LE BRAVO.

Ah ! cela ne m'étonne plus : Théodora rede-
mande sa fille... la courtisane veut son élève...
Il faut qu'elle lègue à Venise une héritière qui
la remplace... dans sa renommée et dans son
infamie...

SALFIÉRI.

Que dis-tu ?..

LE BRAVO.

Et tu t'es chargé de reconduire une enfant
aussi pure à une mère aussi perdue?

SALFIÉRI.

Mais je ne sais rien de tout cela, moi...

LE BRAVO.

Tu ne sais pas qu'il n'y a que deux réputa-
tions à Venise, dont l'une puisse balancer l'autre... et que l'une est celle de la courtisane et
l'autre celle du Bravo?...

SALFIÉRI.

Mon Dieu !...

LE BRAVO.

Ah ! Théodora !... ame perdue... ame dam-
née !... ah ! tu veux ta fille pour l'entraîner avec
toi dans l'abîme !.. tu veux cet ange pour lui
arracher son auréole, pour le plonger dans ton
enfer !.. et lorsque Dieu, dans un instant de
pitié pour une si belle et si douce créature... la
tire de tes mains... au lieu de bénir ce Dieu...
juste une fois... tu demandes qu'on te la ramène !... N'a-t-elle pas demandé cela, m'as-tu
dit ?...

SALFIÉRI.

Oui.

LE BRAVO.

Eh bien ! c'est bon... je la lui ramènerai, moi.

SALFIÉRI.

Ce n'est pas à toi, mais à moi qu'elle a dit.....

LE BRAVO.

Elle t'a dit de retrouver sa fille... va lui dire
qu'elle est retrouvée... va lui dire qu'avant demain matin on la lui ramènera... et que, si cette

enfant veut rester près d'elle , personne ne s'y opposera...

SALFIÉRI.

Mais si, contre toute probabilité, cette enfant ne voulait pas rester près de sa mère..... que deviendrait-elle?...

LE BRAVO.

Il y a trois cents monastères à Venise... elle choisira celui où elle voudra que je lui paie une dot de reine...

SALFIÉRI.

Eh! si je n'adopte pas tous ces projets... si je veux la ravoir tout de suite, moi... car cette jeune fille, c'est Violetta... Violetta que j'aime, et que je cherchais.

LE BRAVO.

Pour en faire ta maîtresse, n'est-ce pas? car le noble Salfiéri voudrait-il donner son nom à la fille d'une courtisane?

SALFIÉRI.

Après sa mère, j'ai seul des droits sur cette enfant : et si je veux les faire valoir?...

LE BRAVO.

Alors, je te dirai ce qu'hier tu me disais, à pareille heure : Nous sommes deux... jeunes tous deux... forts tous deux... braves tous deux, je le crois... et chacun de nous a un poignard à sa ceinture... Écoute : je me suis fié à toi... fie-toi à moi... je t'ai tendu la main... tends-moi la tienne.

SALFIÉRI.

Avant tout, je pourrai moi-même, quand je le voudrai, consulter cette enfant sur sa volonté...

LE BRAVO.

Très-bien.

SALFIÉRI.

Et la volonté de cette enfant sera suivie?

LE BRAVO.

En tous points...

SALFIÉRI.

Voilà ma main...

LE BRAVO.

Maintenant, retourne auprès de Théodora : ne devait-elle pas donner une fête cette nuit?..

SALFIÉRI.

Oui... mais la perte de sa fille...

LE BRAVO.

Eh bien! va lui dire qu'elle peut donner sa fête... car sa fille est retrouvée...

SALFIÉRI.

Je me fie à toi... mais songe...

LE BRAVO.

Lorsque hier tu t'es présenté ici , à cette même heure, tu m'as dit qu'avec un mot je pouvais te tuer... eh bien! un mot aussi, à mon tour, peut m'être mortel .. Si je te trompe... porte au Conseil des Dix ce masque et ce poignard... accuse-moi de les avoir quittés une heure... et tout sera dit...

SALFIÉRI.

C'est bien...

LE BRAVO.

Adieu!

SALFIÉRI.

Adieu!

Il sort.

SCÈNE CINQUIÈME.

LE BRAVO, VIOLETTA.

LE BRAVO, ouvrant la porte de Violetta.

Venez, mon enfant...

VIOLETTA, sortant.

Où est-il?...

LE BRAVO.

Ce jeune homme...

VIOLETTA.

Celui qui venait me chercher, au nom de ma
mère...

LE BRAVO.

Il est parti.

VIOLETTA.

Et tout est convenu avec lui?

LE BRAVO.

Tout.

VIOLETTA.

Et il me ramène à ma mère?

LE BRAVO.

Ce sera moi qui vous conduirai près d'elle.

VIOLETTA.

Oh! vous avez raison : c'est de vous qu'elle
doit me recevoir.

LE BRAVO.

Mettez votre mezzaro et votre mantille, mon
enfant...

Il lui présente sa mantille.

VIOLETTA, la posant sur ses épaules.

Nous allons donc...

LE BRAVO.

Chercher pour vous un costume de bal...

VIOLETTA.

De bal!

LE BRAVO, lentement.

Oui... nous irons cette nuit au bal masqué.

FIN DU PREMIER TABLEAU.

DEUXIÈME TABLEAU.

Le palais de Théodora. — Salles combles, resplendissantes
de lumières. Architecture de fantaisie. Combinaison des
trois principes : grec, gothique, mauresque. Des masques
de toutes sortes.

SCÈNE PREMIÈRE.

Le Marquis de RUFFO, le Comte de BELLAMONTE,
MICHELEMMA, Jeunes Seigneurs, Masques ; deux
femmes masquées et qui semblent éviter la poursuite du
marquis de Ruffo sortent de la foule.

LA PREMIÈRE DAME.

Le voilà encore.

LA DEUXIÈME DAME.

Pour la dernière fois, seigneur, je vous défends de nous suivre ainsi.

RUFFO, à part.

Plus de doute. (Haut.) J'avais besoin d'entendre encore ta voix, ma jolie Vénitienne. Maintenant presse bien ton masque sur ton visage, peu m'importe, je te connais...

LA PREMIÈRE DAME.

Oh! mon Dieu.

RUFFO.

Et toi aussi..... car l'une de vous porte une bague qu'hier encore j'ai vue au doigt de la charmante femme du provéditeur Ordénégo .. l'autre...

LA PREMIÈRE DAME.

Oh! par pitié, seigneur, ne me nommez pas ici.

RUFFO, baissant la voix.

Est-ce avec la permission du grave sénateur Zéno que vous êtes ici, madame?

LA DEUXIÈME DAME.

Oh! parlez plus bas! et sur votre honneur, promettez-nous le secret... Depuis huit jours il n'est bruit dans Venise que de la fête brillante de Théodora. A la faveur de ce déguisement, à l'ombre de ce masque, nous avons voulu voir ce palais de la nouvelle Armide, nous avons voulu assister à ses enchantemens... vous nous avez reconnues, marquis, d'un mot vous pouvez nous perdre : mais ce mot vous ne le direz pas.

RUFFO.

Je me tairai, quoi qu'il m'en coûte, mais vous me permettez d'être pour toute la nuit votre cavalier servant ?...

LA PREMIÈRE DAME.

Oh! c'est inutile... quelques minutes encore et nous partons : ne nous faites pas remarquer... quittez-nous...

RUFFO.

Vous le voulez... j'obéis... adieu, madame... comptez sur ma discrétion.

LA PREMIÈRE DAME.

Comptez sur notre reconnaissance.

Elles se perdent dans la foule.

RUFFO, *les regardant s'éloigner.*

Nobles prudes, voilà un secret que je vous ferai payer cher ! Ah ! Michelemma... Michelemma !...

MICHELEMMA.

Monseigneur...

LE MARQUIS.

Est-ce que tu as toujours l'ordre de me fuir ?

MICHELEMMA.

Est-ce que vous avez toujours le courage de me parler ?

LE MARQUIS.

Veux-tu me dire de quel sabbat tu avais ramené le sorcier qui te donnait le bras...

MICHELEMMA.

Je ne le connais pas plus que vous.

BELLAMONTE.

Michelemma...

MICHELEMMA.

Monseigneur...

BELLAMONTE.

Est-ce que ta maîtresse a l'habitude de ne pas paraître aux bals qu'elle donne ?

MICHELEMMA.

Est-ce que vous avez l'habitude de venir aux bals où l'on ne vous invite pas ?

BELLAMONTE.

Mais tout ce que Venise a de jeunes gens de figure et de noblesse est invité ici de droit.

RUFFO , s'approchant.

Aux réponses de la camérière on devine que les affaires du comte de Bellamonte vont mal avec la maîtresse.

BELLAMONTE.

Et c'est un malheur pour lequel le marquis de Ruffo doit éprouver une grande sympathie.

SCÈNE DEUXIÈME.

Les Précédens, LE BRAVO, VIOLETTA.

Le Bravo a le visage découvert. Violetta est voilée. Ils arrivent derrière Bellamonte et Ruffo, et s'arrêtent écoutant leur conversation.

LE MARQUIS.

Aussi vous cherchais-je pour nous consoler
ensemble...

BELLAMONTE.

Occupons-nous de vous, marquis, chez moi
c'est chose faite...

RUFFO.

Vous êtes fort heureux, comte : quant à moi,
j'avoue qu'il m'en coûte de renoncer à l'espoir
d'être aimé de Théodora.

BELLAMONTE.

Eh bien ! nous ferons une exception : c'est
toujours honorable dans un tems de généra-
lités.

RUFFO.

Quand je pense que de misérables faquins de poètes et de peintres ont su plaire à cette femme....

BELLAMONTE.

C'est ce qui l'a dégoûtée des gens de noblesse et de race...

VIOLETTA, à demi-voix.

Oh ! mon Dieu ! de quelle femme parle-t-on ainsi ?...

LE BRAVO.

De la reine de ce bal.

VIOLETTA.

Et vous m'amenez chez cette femme ?

LE BRAVO.

Croyez que je ne l'eusse pas fait, mon enfant, sans un puissant motif.

RUFFO.

Bellamonte ! voyez donc cet homme seul sans masque au milieu de nous tous !

BELLAMONTE, regardant.

Ici !...

RUFFO.

Vous le connaissez ?

BELLAMONTE.

C'est-à-dire qu'il me connaît... quant à moi,
je veux mourir de la mort d'un vilain si avant
ce matin j'avais vu jamais sa figure... mais, d'a-
près ce qu'il m'a dit, je dois le croire sorcier
ou démon.

RUFFO.

Il mène avec lui une compagne de gracieuse
tournure...

VIOLETTA, effrayée.

Ces masques nous regardent...

LE BRAVO.

Ne craignez rien, ils ne viendront pas nous
parler.

VIOLETTA.

N'importe, passons dans une autre salle, je
vous en supplie...

SCÈNE TROISIÈME.

Les Précédens, THÉODORA.

Grande rumeur au fond. Les masques s'agitent. On entend circuler le nom de Théodora ; elle paraît entourée de plusieurs jeunes gens, tous masqués.

BELLAMONTE, marchant à sa rencontre.

Ah ! madame, vous êtes comme l'étoile de Vénus, qui se lève la dernière et la plus belle...

THÉODORA.

Ah ! c'est vous, comte... sans rancune.... je suis si heureuse ce soir que je veux que tout le monde soit heureux.

RUFFO.

Vous avez dit à Bellamonte... sans rancune... me direz-vous encore sans espoir, à moi ?...

THÉODORA.

C'est vous, marquis..... l'espérance est une des vertus théologales... conservez-la comme je conserve sa sœur la charité...

RUFFO.

Il me manque la foi...

THÉODORA , lui tendant la main.

Je vous la donne.

RUFFO , lui baisant la main.

Oh ! madame....

BELLAMONTE

Il n'y a donc que moi qui resterai malheureux !...

THÉODORA.

Vous comte..... oh ! dangereux comme vous
l'êtes... vous seriez le dernier des hommes que
je voudrais aimer.

BELLAMONTE.

J'attendrai mon tour.

THÉODORA , regardant le Bravo.

Heim !... mais quel est ce seigneur qui vient
chez moi à visage découvert ?

BELLAMONTE.

Vous qui connaissez Venise tout entière.....

tirez-nous d'embarras, madame, et dites-nous
qui il est?

THÉODORA.

Je ne le connais pas... Votre Seigneurie nous
a fait l'honneur de venir à notre bal, et nous
la remercions...

LE BRAVO.

Sans être invité...

THÉODORA.

Nous l'en remercions deux fois alors... et il
nous amène une compatriote...

LE BRAVO.

Qui vient de la patrie de Laïs pour voir Aspasie...

THÉODORA.

Mais c'est une rivale que vous nous dénon-
cez.

LE BRAVO.

Non, c'est une élève... qui a besoin d'expé-
rience et de conseils, et qui vient demander la
lumière au soleil...

THÉODORA.

Je regrette que nous n'ayons point là deux danseurs cypriotes , pour exécuter devant elle cette danse d'amour qu'on appelle la Pyrrhique , et qui lui rappellerait les souvenirs de son pays… mais nous avons fait venir d'Espagne, de Sé-ville en Andalousie , deux merveilleuses créa-tures… qui dansent, dit-on, à ravir, le boléro… la danse de la volupté…

VIOLETTA.

Quel langage! mon Dieu!… et où suis-je?…

LE BRAVO.

Taisez-vous…

THÉODORA.

Holà ! mes gitanos.… nous sommes gens de plaisir et d'amour comme vous….. nous avons un soleil chaud comme le vôtre… qui fait nos têtes ardentes et nos cœurs brûlans… allons , vos danses andalouses , qui rendent envieuses la valse tudesque , la mazurque polonaise et la tarantelle napolitaine…

Tout le monde se range en cercle : les danseurs espagnols exécutent
le boléro au milieu des cris et des bravos des jeunes seigneurs ;
Violetta cache sa tête sur la poitrine du Bravo.

LE BRAVO.

Dites donc à cette enfant timide de regarder
cette danse : dites-lui que si elle veut marcher
sur vos traces... il faut qu'elle y habitue ses regards trop candides...

THÉODORA.

Allons, ma belle Athénienne aux pieds nus...
regardez donc cette danse...

VIOLETTA.

Alors donnez-moi votre masque, madame...
car bientôt mon voile ne suffira plus pour cacher ma rougeur.

LE BRAVO.

Je vous ai dit que nous venions chercher des
leçons, madame, et vous avez commencé par
des exemples... que la voix répare la faute des
yeux... Aspasie prêchait l'art qu'elle exerçait...
les jardins et les palais d'académies étaient
moins riches et moins resplendissans que les

vôtres... Allons, Aspasie... allons, Alcibiade, Périclès vous écoutent... et Socrate est, je l'espère, consigné à la porte...

BELLAMONTE.

Théodora! Théodora... vous entendez...

RUFFO.

C'est un défi... madame.

THÉODORA

Que j'accepte, messiéurs...

TOUS.

Allons! allons, Aspasie...

THÉODORA.

Aspasie ne peut parler que dans la langue de Sapho. Michelemma... ma harpe...

STROPHES.

Cesse d'être muette, ô ma harpe fidèle!
J'ai besoin de tes sons pour soutenir ma voix;
Comme si le plaisir t'effleurait de son aile,
Que la corde s'éveille et chante sous mes doigts,

Verse des voluptés l'ardente frénésie
Aux cœurs où ses désirs sont encor inconnus.
          Grecs, écoutez, c'est Aspasie
          Qui chante l'Amour et Vénus.

Non pas ce jeune Amour au long regard timide
Qui sur l'objet aimé n'ose lever les yeux,
Et qui laisse le Tems, vieillard sombre et rapide,
Lui ravir incomplets ses jours les plus joyeux ;
Mais l'Amour inconstant aux flammes infidèles,
Papillon pour lequel les femmes sont des fleurs,
Qui s'y pose un seul jour, de peur que de ses ailes
Les pleurs du lendemain n'altèrent les couleurs.

Non pas cette Vénus, déesse antique et pure,
A qui Lacédémone a dressé des autels,
Pudique déité, qui de sa chevelure
Voile son corps divin aux regards des mortels ;
Mais cette autre Vénus, déesse échevelée,
Que célèbrent en chœur Amathonte et Paphos ;
Maîtresse d'Adonis le jour dans la vallée,
Maîtresse de Phœbus la nuit au fond des flots.

Enfant, voilà quel dieu, voilà quelle déesse
Doivent se partager notre encens et nos vers.
De leur culte avec moi je te sacre prêtresse,
Et pour t'initier nos temples sont ouverts.

Choisis selon ton goût, quitte à ta fantaisie
Achille pour Hector, Ménélas pour Pâris.
Voilà la leçon qu'Aspasie
Donne à sa rivale Laïs.

LE BRAVO.

N'as-tu rien de plus à dire?...

THÉODORA.

Rien : j'ai fini.

LE BRAVO.

Démon de l'abîme ! as-tu tendu tous tes fi-
lets... pour que cette ame blanche et candide
ne puisse t'échapper?...

THÉODORA.

Tous.

LE BRAVO.

Alors il est tems que la leçon finisse : Dieu
lui fera porter ses fruits, je l'espère... Violetta
(arrachant le masque de Théodora), voilà ta mère.....
Théodora (il relève le voile de Violetta), voilà ta fille !

THÉODORA.

Grand Dieu !...

VIOLETTA.

Ma mère... vous...

LE BRAVO.

Oui.... celle qui te réclame, mon enfant...

VIOLETTA.

Oh ! non, non, c'est impossible.

LE BRAVO.

Dis-lui donc que tu es sa mère... tu vois bien qu'elle ne le croit pas ..

BELLAMONTE.

La jeune fille du pont de la Paglia... parbleu, ici elle sera moins cruelle, j'espère.

RUFFO.

C'est qu'elle est vraiment merveilleuse... et où nous cachiez-vous ce diamant, Théodora ?...

THÉODORA.

Mon Dieu ! mon Dieu !...

BELLAMONTE.

Maintenant, jeune fille... maintenant que tu as reçu ta leçon...

THÉODORA , avec expression.

Messieurs... que pas un de vous ne souille cette enfant de la parole ou du regard... cette enfant c'est ma fille, c'est vrai... oui je suis ta mère...

VIOLETTA.

Ah !...

THÉODORA.

Messieurs, au nom de vos mères et de vos sœurs, respectez cette enfant !...

BELLAMONTE.

Vous l'entendez tous : respect à la fille de Théodora !...

Chacun rit.

THÉODORA se jette sur Violetta.

Violetta... mon enfant, ma fille... oh! viens là, viens là... c'est le cœur d'une mère !.. viens dans mes bras, et que ces jeunes insolens osent t'y poursuivre...

BELLAMONTE.

Voyons... assez, assez... Théodora... tout le

monde s'attriste... la musique se tait... les lumières elles-mêmes semblent pâlir... Allons,
dis à la musique de jouer, à la danse de bon-
dir... Prends la main du marquis de Ruffo, et
laisse-moi celle de ta fille...

THÉODORA, se relevant.

Comte de Bellamonte... je vous ai prié, sup-
plié, demandé grâce... Dieu m'eût pardonné à
votre place, et vous ne me pardonnez pas...
Vous continuez de m'insulter... d'insulter une
femme qui pleure... Comte de Bellamonte,
vous êtes un lâche.... comte de Bellamonte, je
donnerai ma vie... mon éternité, tout, excepté
ma fille, pour être un homme, car alors... je
vous jetterais ce masque au visage comme je le
fais !...

BELLAMONTE.

Madame...

THÉODORA.

Sortez, messeigneurs... sortez tous !... pour
les uns je supplie, pour les autres j'ordonne...

Il n'y a plus ici ni bal ni fête... Laissez une mère pleurer avec sa fille... une fille avec sa mère...

BELLAMONTE, riant.

Marquis, un mot.

Il parle bas à Ruffo, et semble se concerter avec lui.

LE BRAVO.

Violetta... voilà ta mère... voilà ton protecteur!... Restes-tu avec elle... reviens-tu avec moi : prononce.

THÉODORA.

Oh ! tu vois bien qu'elle est mourante... laisse-la-moi, laisse-la-moi, ne fût-ce que jusqu'à demain ; et demain, si elle veut me quitter, eh bien ! tu l'emmèneras... mais demain... demain mon enfant m'aimera.

LE BRAVO.

La laisser ici !... au milieu de ces infâmes !

THÉODORA.

Ils sont encore là !.. Messeigneurs, que faitesvous donc ici ?

BELLAMONTE, riant.

Nous organisons le quadrille de Violetta.

THÉODORA.

Assez, Bellamonte, assez... Messeigneurs, je vous avais prié de sortir, et vous ne l'avez pas fait... je vous l'ordonne, sortez... et sortez le premier, comte... vous êtes chez moi.

BELLAMONTE.

Nous sommes chez toi, Théodora!... nous sommes dans une hôtellerie élégante, où tout voyageur est bien reçu lorsqu'il paie... Nous sommes chez toi, Théodora!... (jetant sa bourse en l'air) tu te trompes... Faites comme moi, messieurs... nous sommes chez nous.

RUFFO.

Bellamonte a raison... nous sommes chez nous...

THÉODORA.

Oh! mon Dieu... mon Dieu!.. c'est aussi trop d'outrages!.. (Bas.) Violetta, ma fille, tiens-toi près de cette porte : nous allons quitter le palais.

LE BRAVO.

Où veux-tu conduire cette enfant?...

THÉODORA, bas.

A la maison de Mafféo... tu nous serviras de guide... Mais avant.....

LE BRAVO.

Que veux-tu faire?...

BELLAMONTE et RUFFO.

Allons, Théodora, le signal de la danse...

THÉODORA.

Je vais le donner..... Vous demandiez tout à l'heure les airs les plus gais... l'orchestre vous obéit... les danses les plus folles... commencez-les... Vous vouliez des lumières plus ardentes... vous allez avoir une illumination royale..... Place !...

Elle va dans une des salles, met le feu et revient en scène en jetant son flambeau dans une autre salle. —— Cris d'effroi.

BELLAMONTE.

Qu'as-tu fait?

THÉODORA.

Rien... J'ai rallumé les lumières qui commençaient à s'éteindre.

CRIS.

Au feu!... au feu!

THÉODORA.

Maintenant restez, messeigneurs, vous êtes chez vous.

Tumulte, confusion.

FIN DU TROISIÈME ACTE.

IV.

Giovanni.

LE BRAVO.
SALFIÉRI.
THÉODORA.
VIOLETTA.
MICHELEMMA.

ACTE QUATRIÈME.

Une chambre de la maison de Mafféo.

SCÈNE PREMIÈRE.

THÉODORA, MICHELEMMA.

Théodora, à genoux devant un prie-dieu : costume simple, de couleur brune ; Michelemma entrant.

MICHELEMMA.

Madame... madame.

THÉODORA.

Ah ! c'est toi ?...

MICHELEMMA.

Voici la cassette que vous m'avez demandée.

THÉODORA.

Ouvre-la, chère Michelemma... et prends parmi ces parures celle que tu voudras... la moins précieuse suffit pour t'assurer une existence heureuse...

MICHELEMMA.

Vous me quittez donc, madame?...

THÉODORA.

Je quitte tout, Michelemma...

MICHELEMMA.

Mais cette vie riche et joyeuse...

THÉODORA.

Je la maudis...

MICHELEMMA.

Ce monde qui vous adorait...

THÉODORA.

Il m'a perdue...

MICHELEMMA.

Ces bijoux, ces diamans, ces colliers... qui
font l'orgueil d'un cœur de femme...

THÉODORA.

Sont les chaînes qui liaient mon ame à l'enfer... je les brise...

MICHELEMMA.

Votre palais de la Piazzetta...

THÉODORA.

Était en flammes hier... en ruines aujour-
d'hui : j'ai commencé, le peuple a fini...

MICHELEMMA.

Le peuple !...

THÉODORA.

Oui, le peuple... lion étrange qui rugit contre
son maître, et qui le défend... parce que sans
doute un jour il compte le dévorer...

MICHELEMMA.

Eh ! que vous restera-t-il donc ?...

THÉODORA.

Dans ce monde la pénitence.... et dans l'autre l'espoir... ma fille... et Dieu !

MICHELEMMA.

Mais moi... moi, madame !...

THÉODORA.

Demain, Luidgi et toi, vous serez libres... Vous vous aimez ?

MICHELEMMA.

Madame !...

THÉODORA.

Laisse-moi, Michelemma.

Michelemma sort.

SCÈNE DEUXIÈME.

THÉODORA, VIOLETTA.

VIOLETTA, entrant.

Ma mère!

THÉODORA, se levant.

Tu as dit ma mère, n'est-ce pas?...

VIOLETTA.

Oui... j'ai dit ma mère... c'est un titre sacré que la main de Dieu grave dans le cœur, et que la main des hommes ne peut effacer...

THÉODORA.

Merci.

VIOLETTA.

Et puis ils t'ont calomniée, ces hommes, n'est-ce pas?

THÉODORA.

Non, mon enfant... non, ces hommes ont dit vrai... et je puis l'avouer, car c'est la femme d'aujourd'hui qui parle de la femme d'hier... car en me revoyant dans ma fille, miroir pur et sacré, j'ai dépouillé hier les vices de mon cœur, comme aujourd'hui les ornemens de mon corps... Oui, pour toi et par toi, j'ai tout quitté, mon enfant, plaisir et vanité... de riche et brillante que j'étais, je me suis faite pauvre et humble... pour toi et par toi, j'ai dit adieu au monde, et cet adieu, je l'ai dit une torche d'incendiaire à la main... en bravant ce que l'aristocratie de Venise a de plus puissant... Enfin, j'ai foulé aux pieds le passé qui est au néant et au démon!... et j'ai tendu les bras vers l'avenir qui est à moi et à Dieu!

VIOLETTA.

Dans cet avenir, vous m'oubliez, ma mère... Ne puis-je donc rien pour votre bonheur, moi?

THÉODORA.

Tu peux me pardonner... et alors... riche de ton pardon... j'oserai demander celui du ciel!

Elle se met à genoux.

VIOLETTA.

O mon Dieu! vous qui voyez ce spectacle

étrange d'une mère aux pieds de sa fille... mon Dieu, recueillez dans votre sein les larmes de l'une et les prières de l'autre... et puisqu'elle dit qu'elle a besoin de mon pardon et du vôtre... pardonnez-lui, mon Dieu! comme je lui pardonne.

THÉODORA, à genoux encore.

Ma fille!...

VIOLETTA, lui tendant les bras.

Oh! dans vos bras... dans vos bras, ma mère!...

MICHELEMMA, entrant.

Madame, l'étranger d'hier est là.

THÉODORA.

Il vient pour te reprendre : ma fille, m'abandonneras-tu?

VIOLETTA.

Jamais... jamais!.... Ma mère, qu'il nous voie ainsi, et qu'il ose nous séparer.

THÉODORA, tenant sa fille dans ses bras.

Dis-lui qu'il peut venir, Michelemma... qu'il peut entrer.

SCÈNE TROISIÈME.

LE BRAVO, THÉODORA, VIOLETTA.

THÉODORA.

Voyez!...

LE BRAVO.

Lui as-tu dit qui tu étais?

THÉODORA.

Je le lui ai dit.

LE BRAVO.

Tu ne lui as rien caché de ta vie?

THÉODORA.

Rien.

LE BRAVO.

Et elle consent à rester avec toi?

THÉODORA.

Demande-le-lui.

LE BRAVO.

Mon enfant... votre volonté est libre comme celle de l'oiseau de l'air... vous pouvez aller où vous voudrez.

VIOLETTA.

Où ma mère ira... j'irai...

LE BRAVO.

Voici un ordre du Conseil qui vous autorise, même malgré la volonté de votre mère, à entrer dans quelque couvent qu'il vous plaira de choisir... Une seconde fois, mon enfant... cet ordre à la main, vous êtes libre...

VIOLETTA, remettant l'ordre à Théodora.

Tenez, ma mère...

THÉODORA.

Tu le vois... tu le vois!... je n'ai pas dit un mot... et son cœur seul a parlé...

LE BRAVO, avec un soupir.

C'est bien!...

THÉODORA.

J'ai tenu ma parole... c'est à toi de remplir

la tienne... Tu m'as promis de me laisser mon enfant, si mon enfant voulait rester avec moi... N'abuse pas de cet ordre que tu as surpris au Conseil : laisse-moi mon enfant!...

LE BRAVO.

Oui, mais maintenant une dernière question, et songe qu'avec la réponse il me faudra une preuve... Violetta est-elle bien ta fille ?

THÉODORA.

Il le demande... il a vu mon désespoir et ma joie... il a vu nos embrassemens... et il me demande si tu es ma fille... oh! malheureux! m'a-t-elle demandé si j'étais sa mère, elle?...

LE BRAVO.

La jeunesse est crédule et pleine d'illusion ; l'âge mûr désenchanté de tout est difficile à persuader... La preuve que Violetta est ta fille... voyons.

THÉODORA.

La preuve!..... Mafféo seul pouvait donner , non pas la preuve mais le témoignage, et Mafféo est mort...

LE BRAVO.

Je le sais.

THÉODORA.

Mafféo pouvait dire qu'elle était ma fille, lui!
car il m'a recueillie sanglante et inanimée.

VIOLETTA.

O ma mère !... et quel événement...

THÉODORA.

Oh ! ce fut un drame terrible qui a commencé
il y a seize ans par un meurtre, et qui a fini
hier par un assassinat.

LE BRAVO , la regardant.

Dieu veuille que tous les deux n'aient pas
été commis par la même main...

VIOLETTA.

Oh! ma mère! et quel est l'homme qui osa...

THÉODORA.

Silence! silence!... enfant, c'était ton père...

VIOLETTA.

Mon père!...

THÉODORA.

Il avait mis tout son espoir, tout son avenir en moi... il crut que je l'avais trompé !..... sur ton ame, ma fille, ce n'était pas vrai.

LE BRAVO.

Violetta n'était pas coupable !...

THÉODORA.

D'où sais-tu que je m'appelle Violetta ?...

LE BRAVO.

Continue... que t'importe d'où je le sais ?...

THÉODORA.

C'était un jeune homme ardent et impétueux...

LE BRAVO.

Que Giovanni, n'est-ce pas ?

THÉODORA.

Mais d'où sais-tu qu'il s'appelait Giovanni... lui ?...

LE BRAVO.

Continue, continue.

THÉODORA.

C'était pendant une nuit d'orage, pendant
une nuit terrible... il entra avec une tempête
dans le cœur, plus terrible que la tempête du
ciel... quand je le vis pâle, égaré, un poignard
à la main, je fus tellement épouvantée que je
ne dis pas un mot, que je ne cherchai pas à
l'éclairer, à le convaincre : je tombai à genoux
en criant : Grâce ! grâce pour mon enfant !

VIOLETTA.

Et alors ?...

LE BRAVO.

Alors, je la crus coupable, et je la poi-
gnardai... voilà tout.

THÉODORA.

Giovanni !...

LE BRAVO.

Violetta !...

THÉODORA , avec âme.

Giovanni, j'étais innocente et voilà ta fille...

LE BRAVO.

Ma fille !...

VIOLETTA.

Oh ! ma mère !... mon père !... noms si chers
à prononcer... ma mère !... mon père !...

TOUS DEUX.

Mon enfant !....

VIOLETTA.

Nous voilà réunis, rien ne nous séparera plus,
n'est-ce pas ?

LE BRAVO et THÉODORA.

Oh ! non, non... rien.

On frappe trois coups à la porte : les trois personnes qui sont en
scène tressaillent.

LE BRAVO.

Il n'y a qu'un homme qui puisse frapper
ainsi.

THÉODORA.

C'est lui !...

On frappe une seconde fois.

LE BRAVO.

C'est lui.

THÉODORA.

Giovanni, cet homme a quelque chose à dire
à moi seule.

LE BRAVO.

Il faut cependant que j'écoute ce qu'il a à te
dire, moi...

THÉODORA.

Violetta, rentre dans cette chambre ; et toi ,
Giovanni... cache-toi derrière cette portière.

Elle va ouvrir la porte ; Salfiéri paraît.

SCÈNE QUATRIÈME.

THÉODORA, SALFIÉRI, LE BRAVO, caché.

THÉODORA.

Entrez.

SALFIÉRI.

Théodora, me voici.

THÉODORA.

Je vous attendais.

SALFIÉRI.

Ai-je fidèlement rempli pour ma part toutes
les conditions de notre marché ?

THÉODORA.

Toutes.

SALFIÉRI.

T'a-t-on ramené ta fille ?

THÉODORA.

Oui.

SALFIÉRI.

Te l'a-t-on ramenée pure et sauve comme on
te l'avait prise ?...

THÉODORA.

Oui.

SALFIÉRI.

Etait-ce bien là tout ce que tu m'avais demandé, et pas autre chose ?

THÉODORA.

C'était tout...

SALFIÉRI.

Maintenant te rappelles-tu le serment que tu
m'as fait ?

THÉODORA.

Je t'ai juré par ma fille de te donner tout ce
que tu me demanderais si tu me ramenais ma
fille...

SALFIÉRI.

Es-tu disposée à le faire ?

THÉODORA.

Cet or, ces bijoux sont à toi, dis un mot !

SALFIÉRI.

Je veux un bien qui m'est plus précieux que
tous ces biens.

THÉODORA.

Oh ! tu me fais frémir, que veux-tu donc ?...

SALFIÉRI.

Je veux ta fille.

THÉODORA.

Ma Violetta..... retrouvée hier..... tu la veux
aujourd'hui... tu es fou.

SALFIÉRI.

Je veux ta fille...

THÉODORA.

Mais tu vois bien que tu peux me demander
tout autre chose, que je t'ai tout offert, que
je te donnerai tout.

SALFIÉRI.

Tu m'as juré sur ta fille de me donner tout
ce que je te demanderais..... Théodora, je te
demande ta fille.

THÉODORA.

Oh! mon Dieu!... mais enfin... si je te sup-
pliais... si je me traînais à tes pieds, si j'em-
brassais tes genoux... n'aurais-tu pas pitié d'une
mère... Oh! ma fille, ma fille... elle me coûte
assez cher pour que tu me la laisses.

SALFIÉRI.

C'est-à-dire que j'ai tenu ma parole et que tu
manques à la tienne.

THÉODORA.

Ecoute... tu as un poignard à ta ceinture ,
tue-moi... et prends ma fille après si tu le veux,
mais pour te la donner, moi... jamais!.. jamais!..

SALFIÉRI.

Théodora!...

THÉODORA.

Mais c'est une idée insensée à toi... de croire
qu'une femme puisse t'aimer... car si tu la
prends... c'est pour en faire ta femme ou ta
maîtresse... elle toute pure , toi tout sanglant...
elle Violetta , toi le Bravo !

SALFIÉRI.

Et si je n'étais...

LE BRAVO, sortant et mettant la main sur l'épaule de Salfiéri.

Il n'est pas minuit, mon maître... et, pour avoir le droit de réclamer la parole des autres, il faut commencer par tenir la sienne.

Pendant les paroles qui suivent, Théodora a été se placer devant la porte de sa fille.

THÉODORA.

Qu'entends-je !... Il connaît cet homme !...

SALFIÉRI.

Tu as raison... mais l'heure est lente aujourd'hui...

LE BRAVO.

Peut-être trouveras-tu, quand minuit arrivera... que la journée a passé bien vite...

SALFIÉRI.

Eh bien ! soit... A minuit nous nous reverrons... Mais d'ici là, Théodora, jure-moi...

LE BRAVO.

Rien !... pas de serment.

SALFIÉRI.

Théodora, je te donne jusqu'à minuit… mais à minuit tu me reverras… et alors, il n'y aura pas à me dire : Veux-tu de l'or, des diamans, des palais?… il n'y aura pas de prières, il n'y aura pas de larmes… Il y aura un parjure… et le ciel m'écrase si je m'en rapporte à Dieu du soin de le punir…

Salfiéri sort.

THÉODORA.

O mon Dieu! mon Dieu!… nous sommes perdus !

LE BRAVO.

Pas encore… Théodora… il faut tout ton or.

THÉODORA,

Le voilà.

LE BRAVO.

Tes bijoux.

THÉODORA.

Prends.

LE BRAVO.

Maintenant, tout ce que je possède joint à ceci.

THÉODORA.

Mais pourquoi faire?

LE BRAVO.

Un geôlier changé d'hier, que je puis séduire aujourd'hui...

THÉODORA.

Un geôlier!...

LE BRAVO.

Oui... Ordonne à Luidgi de préparer ta gondole.

THÉODORA.

Dans cinq minutes elle sera amarrée au vestibule.

LE BRAVO.

Et moi, dans une heure je serai ici.

THÉODORA.

O Giovanni, Giovanni, sauve ma fille !

FIN DU QUATRIÈME ACTE.

V.

Théodora.

PERSONNAGES.

LE BRAVO.
SALFIÉRI.
LUIDGI.
UN Sénateur.
UN Sbire.
THÉODORA.
VIOLETTA.
MICHELEMMA.

ACTE CINQUIÈME.

Un vestibule donnant sur le grand canal ; à gauche, au troisième plan, la porte de la chambre de Théodora ; du même
côté, vers le premier plan, un pied de marbre supportant
une lampe et un sablier ; au premier plan, à droite, un
banc de pierre. — Il fait nuit complète.

SCÈNE PREMIÈRE.

GIOVANNI, appuyé contre une colonne qui donne sur le
canal ; THÉODORA, ouvrant la porte intérieure.

THÉODORA.

Giovanni... Giovanni... qu'attends-tu là ?

GIOVANNI.

Luidgi.

THÉODORA.

Mais viens près de nous... et lorsque Luidgi sera arrivé... il nous préviendra.

GIOVANNI.

Non, non... il faut que je m'assure, sans perdre un instant... car je n'ai pas un instant à perdre... il faut que je m'assure qu'il a suivi fidèlement toutes mes instructions... que je lui indique la place où il doit m'attendre, afin que je sois sûr de pouvoir l'y trouver, et que nous partions aussitôt.

THÉODORA.

Et où irons-nous?

GIOVANNI.

Je n'en sais rien... au bout du monde, s'il le faut... tu dois être aussi désireuse que moi de quitter Venise... Venise, dont le séjour d'ailleurs n'est plus sans danger pour toi.

THÉODORA.

Mais pourquoi avoir demandé à Luidgi une

gondole assez grande pour contenir cinq personnes, lorsque nous ne sommes que trois?

GIOVANNI.

Théodora, il faut que j'emporte avec moi les
anneaux de la chaîne qui m'attache à Venise.

THÉODORA.

Me répondras-tu donc toujours par ce langage mystérieux que je ne puis comprendre?...
Tu me caches quelque secret horrible...

GIOVANNI.

Retourne près de ta fille, Théodora... près
de notre fille... et dis-lui de te raconter une
histoire que je lui ai dite... celle d'un Bravo de
Venise...

THÉODORA.

Oh! puisque tu viens de prononcer ce nom
de Bravo... laisse-moi te demander ce que tu
as de commun avec cet homme exécrable.

GIOVANNI.

Moi, moi!...

THÉODORA.

Es-tu sous le poids de quelque proscription?..

GIOVANNI.

Rentre, Théodora.

THÉODORA.

Je ne sais pourquoi... il me semble que je suis enchaînée ici... et que je ne quitterai pas Venise... Venise, la ville maudite.

GIOVANNI.

Onze heures bientôt... Rentre, je t'en supplie, et sois prête à partir lorsque je t'en donnerai le signal... car alors un instant de retard pourrait nous perdre tous.

THÉODORA.

Sois tranquille... nous serons prêtes.

GIOVANNI, la poussant.

C'est bien... c'est bien.

SCÈNE DEUXIÈME.

GIOVANNI, seul. Il va au fond du théâtre.

Ce Luidgi... que je n'aperçois pas encore...
Maintenant... le geôlier sera-t-il fidèle à sa pro-
messe?... risquera-t-il sa vie pour de l'or?.. Il
est vrai qu'avec ce que je lui donnerai sa fortune sera faite, et que je l'emmène avec nous...
Oh! pourvu que, dans cette longue suite de cor-
ridors, je puisse parvenir avec lui sans être vu,
sans être entendu, jusqu'au cachot de mon
père... entrer et sortir, sans qu'une porte crie,
sans qu'un verrou ne grince... il n'y a qu'un
miracle du ciel!..... O mon Dieu! donnez de
la pitié à cet homme et de la force à moi.

Mais Violetta, mais Salfiéri...ces jeunes gens
qui s'aiment et que je vais séparer... Oh! Salfiéri l'aimerait-il encore, la pauvre enfant... s'il
la savait fille de Théodora et de Giovanni... de

la courtisane et du Bravo... Non... Il daigne-
rait encore en faire sa maîtresse peut-être , mais
sa femme.... Enfin, voilà Luidgi.

Allant à Luidgi.

SCÈNE TROISIÈME.

GIOVANNI, LUIDGI.

GIOVANNI.

Est-ce prêt?

LUIDGI.

Oui, Excellence...

GIOVANNI.

Il peut tenir dans la gondole?

LUIDGI.

Sept personnes.

GIOVANNI.

C'est cela... Point de bruit, et surtout point
de lumière : éteins ce fanal...

LUIDGI.

Et l'amende de la police...

GIOVANNI.

Je la paierai... C'est bien... Maintenant, ne

bouge pas de cette place... songe qu'il faut que je t'y retrouve, et qu'à mon premier signe...

LUIDGI.

Soyez tranquille, Excellence...

GIOVANNI.

Allons, mon Dieu... mon Dieu !... protége-nous !

SCÈNE QUATRIÈME.

LUIDGI, puis MICHELEMMA et SALFIÉRI.

LUIDGI, seul.

Du reste, c'est une bonne précaution que d'avoir éteint ce fanal..... cela fait que la gondole qui m'a suivi depuis que je suis sorti de chez moi perdra peut-être ma trace... car c'était bien à moi qu'elle avait l'air d'en vouloir... mais en arrivant au coin du canal, j'ai fait une certaine manœuvre qui vous a dérouté mon espion, de sorte que maintenant je suis bien sûr... (On aperçoit la gondole qui suivait celle de Luidgi; elle aborde et dépose un homme à terre, tandis que Luidgi va frapper à la porte de Théodora.) Michelemma ! Michelemma !

MICHELEMMA , de l'autre côté de la porte.

Eh bien !

LUIDGI.

C'est moi, me voilà... dis à ta maîtresse que je suis arrivé... qu'elle soit tranquille...

MICHELEMMA.

C'est bien, reste à ton poste... et ne souffle pas le mot...

LUIDGI.

Oh ! il n'y a pas de danger que je quitte d'ici, ni que je disc à personne pour qui est cette barque..... on me couperait plutôt par morceaux... (Se retournant et apercevant la gondole de Salfiéri.) Ah !...

SALFIÉRI.

Luidgi !...

LUIDGI.

Le Bravo !..-

SALFIÉRI.

Cette barque est pour la signora Théodora. ?

LUIDGI.

Oui, monseigneur.

SALFIÉRI.

La signora doit quitter Venise avec sa fille ?...

LUIDGI.

Oui, monseigneur.

SALFIÉRI..

Avant minuit?...

LUIDGI.

Oui, monseigneur.

SALFIÉRI.

Et tu es le gondolier discret qui doit les conduire hors des lagunes?...

LUIDGI.

Oui, monseigneur.

SALFIÉRI.

C'est bien, je me charge de ta besogne...

LUIDGI.

Et moi, monseigneur?

SALFIÉRI.

Toi... tu vas monter dans cette gondole...
qui te reconduira dans ta maison... dont tu ne
sortiras qu'après minuit.

LUIDGI.

Oui, monseigneur.

SALFIÉRI.

Tu comprends?

LUIDGI.

Parfaitement, monseigneur.

Il monte dans la barque qui s'éloigne.

SCÈNE CINQUIÈME.

SALFIÉRI, un Sbire.

SALFIÉRI, le regardant s'éloigner.

Bien.., et si maintenant ils m'échappent, il faudra que Satan ou cet homme leur ouvre un autre chemin.

UN SBIRE, entrant et regardant de tous côtés et s'avançant vers Salfiéri qui a toujours le costume du Bravo.

Ah ! l'on vous trouve enfin, mon maître !...

SALFIÉRI.

Quel est cet homme ?

LE SBIRE.

Les ordres du tribunal que l'on cloue maintenant à votre porte courent grand risque d'y tomber en poussière... car vous ne rentrez plus guère chez vous...

SALFIÉRI.

Explique-toi... que me veux-tu ?

LE SBIRE, lui remettant un parchemin cacheté.

Vous avez deux heures pour obéir au Conseil.

Il se retire.

SCÈNE SIXIÈME.

SALFIÉRI, seul.

Un ordre du Conseil!... un ordre d'assassinat, à moi!... au moment où... Que serais-je devenu si cet ordre m'était arrivé hier?... Onze heures et demie... Dieu soit loué!... J'ai deux heures pour exécuter l'ordre du Conseil, et dans une demi-heure je suis libre..... dans une demi-heure à l'assassin, le masque, le poignard et le meurtre... à moi Violetta, l'amour, la liberté, la vie! La vie, heureuse et pure, loin de Venise, cette reine au manteau sanglant, cette mère dénaturée qui dévore ses fils... Cette porte s'ouvre, à notre poste...

SCÈNE SEPTIÈME.

SALFIERI, THÉODORA, VIOLETTA, MICHELEMMA.

MICHELEMMA, sortant avec précaution.

Personne, madame, personne que Luidgi sans doute... car sa gondole est amarrée.

VIOLETTA.

Oh ! ma mère... de grâce, prenons un instant l'air sous ce vestibule, la soirée est brûlante... et l'on étouffe dans cet appartement...

THÉODORA.

C'est une histoire bien étrange que celle que tu m'as racontée.

VIOLETTA.

Et c'est un homme bien malheureux que le héros de cette histoire.

THÉODORA.

Oui... mais ainsi est faite Venise, mon enfant... ville maudite, ville de plaisir, de pleurs

et de sang. Oh ! réjouis-toi, ma fille, nous allons la quitter.

VIOLETTA.

Pour n'y plus revenir, ma mère?

THÉODORA.

Oh ! jamais , jamais....

VIOLETTA.

Mon Dieu !

THÉODORA.

Des regrets... des larmes... mais ton père et
moi nous t'accompagnons, mon enfant..... que
peux–tu pleurer, que peux-tu regretter en quittant Venise?...

VIOLETTA.

Oh ! ma mère... celui que je pleurais, celui
que je regrettais en quittant Gênes...

THÉODORA.

Ce jeune homme dont m'avait parlé Mafféo
et que je craignais que tu n'aimasses, lorsque
je l'ai rappelé près de moi... mais il est à
Gênes.

VIOLETTA.

Il est à Venise, ma mère....

THÉODORA.

Et tu l'as revu?...

VIOLETTA.

Hier...

THÉODORA.

Imprudente enfant que tu es, d'avoir ainsi donné ton cœur... car tu l'aimes...

VIOLETTA.

Oh! oui.

THÉODORA.

A un homme qui ne t'aime pas peut-être...

VIOLETTA.

Il ne m'aime pas, lui, ma mère!... Salfiéri ne m'aime pas!... oh! écoutez... Il était proscrit par le Conseil de Venise, ce tribunal de mort qui ne pardonne pas : sa tête était à prix... eh bien! sur une simple indication, d'après un mot gravé avec un diamant sur une glace, il m'a suivie, ma mère, il m'a suivie à Venise... dont l'air

seul doit lui être mortel... poignard de sbire ,
échafaud de la place publique, mort cachée,
mort infamante, il a tout bravé, tout pour moi...
m'aime-t-il , ma mère?... croyez-vous qu'il
m'aime ?

THÉODORA.

Pauvre enfant !

VIOLETTA.

Comprenez-vous maintenant ? Il faut que je
quitte Venise à l'instant, sans le lui dire... sans
aucun moyen de lui faire savoir où je suis !...
Venise où il va rester... seul, proscrit et désespéré... et partir, partir... ma mère..... oh !
ma mère..... dites – moi , pourquoi faut-il que
nous partions ?...

THÉODORA.

Je ne le sais pas moi-même; c'est ton père
qui le veut, mon enfant... lui seul peut te dire
ce mystère, t'expliquer ce secret... seulement
il faut que ce soit un mystère profond, un secret terrible... car il paraissait bien agité , car
il était bien pâle , car sa voix était bien altérée.

SCÈNE HUITIÈME.

Les Précédens, GIOVANNI.

GIOVANNI, sourdement.

Théodora...

THÉODORA.

Écoute... le voilà...

GIOVANNI, pâle, défait.

Théodora... ma fille... pas une minute, pas une seconde à perdre : partez... partez !

VIOLETTA.

Mon Dieu !

GIOVANNI.

Partez, vous dis-je... chaque instant qui s'écoule est une année... Pas un mot, pas une observation : fuyez... fuyez !

THÉODORA.

Mais vous venez avec nous...

GIOVANNI.

Je ne le puis, mon Dieu !... Oh ! c'est ce qui me damne.

THÉODORA.

Mais qui te retient à Venise... lorsque nous la quittons ?

GIOVANNI.

Une chaîne de fer... un cercle de sang..... Voyons, femmes, venez.

THÉODORA.

Mais...

GIOVANNI, prenant Violetta dans ses bras, et l'emportant vers la gondole.

Théodora, veux-tu suivre ta fille ?...

THÉODORA.

Partout !... partout !...

GIOVANNI, près de la gondole.

Viens donc alors... (Appelant.) Luidgi ! Luidgi !

SALFIÉRI, paraissant.

Me voilà, maître !

GIOVANNI.

Salfiéri!... Malédiction! que fais-tu là?..

SALFIÉRI.

Je t'attends...

GIOVANNI, tirant son poignard.

Eh bien! me voilà...

VIOLETTA.

Salfiéri!... Mon père... mon père! grâce!....
(Se jetant dans les bras de Salfiéri.) Ma mère... ma mère!
oh! mais c'est Salfiéri... aidez-moi... défendez-
le.....

GIOVANNI, laissant tomber son poignard.

Oh!...

THÉODORA, montrant Salfiéri.

Lui... lui!... le défendre!... Et sais-tu qui il
est, cet homme exécrable?

VIOLETTA.

Que dites-vous?

THÉODORA, l'arrachant de ses bras.

Malheureuse! c'est le Bravo...

VIOLETTA , hésitant.

Lui... lui... lui!... Oh ! non...

GIOVANNI , prenant Violetta par le bras.

Viens... viens...

SALFIÉRI , l'arrêtant par le bras.

Arrête...

GIOVANNI.

Il n'est pas minuit...

SALFIÉRI.

Écoute...

Les premiers coups de minuit tintent.

GIOVANNI.

Je suis perdu !...

SALFIÉRI.

La dernière heure est sonnée..... elle est éteinte... A chacun son nom et son visage maintenant... à toi ce masque et ce poignard... à toi cet ordre du Conseil que tu n'as plus qu'une heure pour exécuter.

THÉODORA.

Qu'entends-je?

SALFIÉRI.

Tu t'étais trompée, Théodora... ce masque n'était pas fait pour mon visage... (le collant à la figure de Giovanni) mais pour le sien.

THÉODORA.

Lui!... Toi, Giovanni.. toi le Bravo?...

VIOLETTA.

Oh! c'était donc vous qui, pour sauver votre père....

GIOVANNI.

C'était moi...

VIOLETTA.

Oh! mon père... mon père!...

SALFIÉRI.

Toi... son père!

VIOLETTA.

Oh! Salfiéri... oh! ne le condamne pas sans m'entendre...

Elle entraîne Salfiéri, et lui parle à demi-voix.

THÉODORA.

Pauvre Giovanni... je comprends tout maintenant.

GIOVANNI.

Oui... j'ai cru un instant, j'ai cru que la vengeance du ciel était lasse... je me suis trompé... Le vieillard, réveillé la nuit dans son cachot, n'a pas reconnu son fils... car il est fou, le malheureux... Il a cru qu'on venait pour le conduire à l'échafaud... pour l'assassiner... et quand j'ai voulu l'emporter dans mes bras... il s'est cramponné aux barreaux de sa croisée en criant... Il a crié, l'insensé... à ses cris, le gardien est accouru... alors il m'a fallu laisser le vieillard évanoui, mourant... car je l'ai tué peut-être en voulant le sauver... Je suis sorti... presque fou, presque insensé moi-même, pressé par l'heure fatale. J'ai voulu vous faire partir toutes deux pour vous cacher du moins mon secret à vous... l'amour de ma fille pour Salfieri rendait ce départ plus pressant encore... car la fille du Bravo...

SALFIÉRI.

Violetta m'a tout dit : bénissez vos enfans, car vos enfans s'aiment et vous demandent de les unir l'un à l'autre.

THÉODORA.

Qu'entends-je ?

GIOVANNI.

Tu es un noble jeune homme, Salfiéri !

SALFIÉRI.

J'aime Violetta.

GIOVANNI.

Et tu jures de l'épouser...

SALFIÉRI.

Je le jure, mon père, et vous savez si je tiens mes sermens !

THÉODORA.

Oh ! merci, mon Dieu !

GIOVANNI.

Eh bien, écoute... Elles allaient partir, pars

avec elles… ton vaisseau t'attend dans le golfe…
m'as-tu dit… quittez Venise tous trois ; laissez-
moi seul comme un maudit et comme un désespéré que je suis.

THÉODORA.

Oui, Giovanni, oui, tu as raison ; partez,
mes enfans ; emmène Violetta à Gênes, où tu
voudras, Salfiéri, pourvu que nous sachions où
vous êtes et que vous nous aimiez.

VIOLETTA.

Oh ! tu m'abandonnes, ma mère !

THÉODORA, montrant le Bravo.

Et lui, ne faut-il pas quelqu'un qui reste près
de lui… qui souffre avec lui, qui pleure avec
lui?..

Elle tend la main à Giovanni.

VIOLETTA.

Oh ! ma mère ! nous restons aussi, alors.

THÉODORA.

Pauvre enfant ! as-tu oublié que ton mari est
proscrit ?..

GIOVANNI , portant la main à l'ordre du Conseil.

Oh! Violetta... tu as vu Salfiéri me rendre ce masque et ce poignard... tu as vu me remettre cet ordre du Conseil en me disant que je n'avais plus que peu d'instans pour l'exécuter... Cet ordre... c'est un ordre de mort... je ne l'ai point ouvert encore... je ne sais point encore celui qu'il va atteindre... mais crois-moi, Violetta, emmène Salfieri... Salfieri, proscrit... et qui, malgré sa proscription, a osé remettre les pieds sur le territoire de Venise.

VIOLETTA.

Vous me faites frémir? Comment, cet ordre...

GIOVANNI.

Quel qu'il soit, il faudra que je l'exécute, car la vie de mon père leur répond de mon obéissance.

VIOLETTA.

Oh ! cet ordre...

GIOVANNI.

Il va falloir que je l'ouvre...

VIOLETTA.

Ah! fuyons, Salfiéri, fuyons.

Pendant que Violetta est dans les bras de Théodora, le Bravo remet
son masque; Violetta, en se retournant, jette un cri.

SCÈNE NEUVIÈME.

LES PRÉCÉDENS, LUIDGI, se glissant sous le vestibule.

LE BRAVO, allant à Luidgi.

Luidgi !

LUIDGI.

Monseigneur, j'ai obéi ; il est plus de minuit...

LE BRAVO.

Ces deux jeunes gens vont monter dans la gondole... tu les conduiras hors de Venise et tu les déposeras à bord d'un vaisseau levantin qui les attend à l'ancre dans le golfe.

LUIDGI.

Je le ferai, monseigneur, si la gondole que j'ai rencontrée tout à l'heure et que j'ai parfaitement reconnue pour appartenir au Conseil des Dix ne m'en empêche pas.

LE BRAVO.

La gondole du Conseil..... tu l'entends, Salfiéri, plus de doute, c'est toi qu'on cherche,
toi qu'on m'ordonne de frapper... tu auras été
reconnu, dénoncé, on te sait dans cette maison peut-être.

THÉODORA.

Oh ! il me glace d'épouvante... Partez, mes
enfans, partez...

LE BRAVO.

Tout est prêt, adieu...

VIOLETTA.

Adieu, ma mère. (Au Bravo.) A vous, adieu !...

Salfiéri et Violetta montent dans la gondole de Luidgi qui les conduit
en chantant.

SCÈNE DIXIÈME.

THÉODORA, GIOVANNI.

THÉODORA.

Dieu leur donne le bonheur !

GIOVANNI.

Et à nous le courage...

THÉODORA, *pleurant.*

Oh ! oui... ah , mon Dieu !

GIOVANNI.

Qu'as-tu ?

THÉODORA.

Pardon... cet ordre qui est à ta ceinture... et
que j'ai touché de la main ..

GIOVANNI.

Ecoute, Théodora... c'est une misérable et
sanglante existence que la mienne : crois-moi,
avant que je n'ouvre cet ordre... cet ordre qui

t'épouvante... Nos enfans ne sont point encore loin... rejoins-les.

THÉODORA.

Nos enfans accomplissent leur destinée... accomplissons la nôtre.

GIOVANNI.

C'est bien alors... (Il ouvre l'ordre.) Ah !

THÉODORA.

Qu'y a-t-il ?

GIOVANNI.

Va-t'en, Théodora..... va-t'en... peut – être est-il tems encore.....Luidgi... (Appelant avec désespoir.)

THÉODORA.

Oh ! il est trop loin maintenant. (Se retournant.) Et la gondole du Conseil trop près.

GIOVANNI.

Oh ! mais, j'ai mal lu. (Il relit encore.) Mais c'est atroce... Oh ! Bellamonte ! Bellamonte !

THÉODORA.

Qu'y a-t-il, encore une fois?... qu'y a-t-il?

GIOVANNI.

Il y a que tu as insulté cet homme... que tu l'as appelé lâche et infâme...que tu lui as jeté ton masque à la figure, et que cet homme se venge, comme un lâche et comme un infâme.

THÉODORA.

Et comment cela?

GIOVANNI.

Lis.

THÉODORA.

Le Conseil a condamné à mort l'incendiaire Théodora...

GIOVANNI.

Je t'avais bien dit de partir, Théodora...

THÉODORA.

Oh! grâce, grâce!

Le Bravo et Théodora se regardent épouvantés.

THÉODORA.

Qu'ai-je dit?.. grâce... oh! n'écoute pas ce
cri du sang, ce cri d'une femme... Giovanni,
Giovanni, songe à ton père...

GIOVANNI.

Moi?.. jamais!.. jamais!

THÉODORA.

Mais ton père, ils le tueront.

GIOVANNI.

Eh bien! s'ils le tuent, je pourrai mourir...

THÉODORA.

Giovanni...

GIOVANNI.

Que ce tribunal de sang fasse ce qu'il voudra... qu'il tue mon père, qu'il me tue... mais
moi... moi une deuxième fois lever le poignard sur toi? impossible : jamais! jamais!..

THÉODORA.

Ils approchent... écoute, Giovanni... il vaut
mieux que ce soit moi qui meure... vois-tu,

moi je suis fatiguée de la vie... lasse de tout !..
mon existence n'est nécessaire à personne...
Dieu a choisi cette expiation, plus doulou-
reuse, mais plus courte... ce que Dieu a fait
est bien fait.

GIOVANNI.

Ce n'est pas l'œuvre de Dieu, Théodora,
c'est l'œuvre des démons et des hommes...
Tribunal de meurtre... oh! tu m'as mis ce
poignard à la main et tu m'as dit : Frappe... je
frapperai...

THÉODORA.

Que dis-tu?

GIOVANNI.

Je puis pénétrer au milieu de vous, misérables, frapper jusqu'à ce que mon bras se
lasse... me baigner jusqu'aux genoux dans
votre sang détesté... puis alors... mon père
mourra... je mourrai... mais au moins vengeance! vengeance!

THÉODORA , l'arrêtant dans ses bras.

Tais-toi... tais-toi, s'ils t'entendaient, mon

Dieu! car les voilà... Giovanni, Giovanni,
au nom du ciel... ton père... un pauvre vieillard insensé qui a peur de la mort comme un
enfant... ton père... oh! tu veux qu'on le
traîne à l'échafaud par ses cheveux blancs?..

GIOVANNI.

Grâce à ton tour, Théodora... grâce! grâce!
ou tu me rendras fou.

THÉODORA.

Tu as eu ton expiation en ce monde, laisse-
moi la mienne. Dieu veut que mon sang ra-
chète celui d'un vieillard et lave mes fautes...
laisse-moi, femme impure, laisse-moi m'offrir
en sacrifice, puisque Dieu le veut bien.

GIOVANNI.

Désespoir!..

THÉODORA.

La gondole s'est arrêtée... Ils sont là... là...
Oh! que puis-je te donner en échange de tant
d'amour, Giovanni... en échange d'un amour...
qui sacrifie tout? (Se jetant dans ses bras.) Je ne puis
te donner que ma vie. (Lui arrachant son poignard et se

15

frappant elle-même.) **Puisque tu ne veux pas la pren-**
dre...

Ici paraît le sbire.

GIOVANNI, jetant un cri.

Théodora, qu'as-tu fait?

SCÈNE ONZIÈME.

Les Précédens, un Sénateur, un Sbire.

LE SBIRE.

Le voilà, monseigneur.

LE SÉNATEUR.

Giovanni...

THÉODORA.

Ah! ne le punissez pas, il a exécuté l'ordre
du tribunal...

Elle expire.

LE SÉNATEUR.

Giovanni, la république te dégage de ton
serment... tu es libre... ton père est mort!!!

FIN.